Erfolgreich im betrieblichen Inkasso

von

Christian Weiß

Tectum Verlag
Marburg 2002

Die Deutsche Bibliothek - CIP-Einheitsaufnahme

Weiß, Christian:
Erfolgreich im betrieblichen Inkasso
/ von Christian Weiß
- Marburg : Tectum Verlag, 2002
ISBN 978-3-8288-8417-5

© Tectum Verlag

Tectum Verlag
Marburg 2002

Vorwort

Der Begriff „Inkasso" verbindet sich bei vielen Menschen mit Geldeintreibung. Das ist nicht falsch, aber eine derartige Betrachtungsweise reduziert diese weit umfangreichere Tätigkeit auf die bloße Beitreibung von Forderungen. Dieses Buch soll deshalb den Begriff des Inkassos definieren und abgrenzen.

Inkassoaktivitäten sind für viele Unternehmen von existenzieller Bedeutung. Sie sichern die Liquidität und berühren unmittelbar die Kundenbeziehungen. Die Zunahme der Insolvenzen hat nicht nur betriebsinterne Ursachen. Sie ist die Folge einer schlechten Zahlungsmoral von Kunden oder von Unternehmens-zusammenbrüchen auf Seiten wichtiger Auftraggeber.

Die rechtzeitige Einleitung der Forderungsbeitreibung mit ausgewogenen Maßnahmen kann der eigenen Insolvenz entgegensteuern.

Es sollen Aktivitäten, Methoden und Checklisten sowie mögliche Erfolge und Grenzen des Inkassos dargestellt werden. Das Buch kann somit als praktische Hilfe für Mitarbeiter im Mahnwesen eines Unternehmens zum Einsatz kommen. Es richtet sich vorrangig an Klein- und mittelständische Unternehmen.

Neue gesetzliche Bestimmungen wie die Insolvenzordnung und das Gesetz zur Beschleunigung fälliger Zahlungen sowie die Änderung des Bürgerlichen Gesetzbuches zum Schuldrecht vom 01.01.2002 finden Eingang in die Darstellungen.

Stralsund, 2002-05-31   Christian Weiß

Inhaltsverzeichnis

Tabellenverzeichnis

Abkürzungs- und Symbolverzeichnis

Abs.	Absatz
AG	Aktiengesellschaft
AGB	Gesetz zur Regelung des Rechts der Allgemeinen Geschäftsbedingungen
AktG	Aktiengesetz
BDIU	Bundesverband Deutscher Inkasso Unternehmer e.V.
BewG	Bewertungsgesetz
BGB	Bürgerliches Gesetzbuch
BGH	Bundesgerichtshof
BRD	Bundesrepublik Deutschland
BRAGO	Bundesgebührenordnung für Rechtsanwälte
bzw.	beziehungsweise
ca.	cirka
d.h.	das heißt
d.J.	des Jahres
Diss.	Dissertation
EDV	Elektronische Datenverarbeitung
EStG	Einkommensteuergesetz
e.V.	eingetragener Verein
€	Euro
f./ff.	folgende/fortfolgende
GewO	Gewerbeordnung
ggf.	gegebenenfalls
GKG	Gerichtskostengesetz
GmbH	Gesellschaft mit beschränkter Haftung
GmbHG	Gesetz betreffend die Gesellschaften mit beschränkter Haftung
HGB	Handelsgesetzbuch
Hrsg.	Herausgeber
IHK	Industrie- und Handelskammer
incl.	inclusive
ital.	italienisch
Jg.	Jahrgang
KG	Kommanditgesellschaft

lat.	lateinisch
Mio.	Millionen
Mrd.	Milliarden
mtl.	monatlich
Nr.	Nummer
o.	oder
o.g.	oben genannt (genannten)
OHG	Offene Handelsgesellschaft
p.a.	lateinisch: pro anno (deutsch pro Jahr)
S.	Seite
Schufa	Schutzgemeinschaft für Allgemeine Kreditsicherung
T€	Tausend Euro
u.g.	unten genannt (genannten)
UStG	Umsatzsteuergesetz
usw.	und so weiter
u.U.	unter Umständen
v.	vom
Vgl.	Vergleiche
z.B.	zum Beispiel
zzgl.	zuzüglich
§/§§	Paragraph/Paragraphen
%	Prozent

1. Einführung

1.1. Insolvenzen und ihre Ursachen

Die wirtschaftliche Entwicklung in der Bundesrepublik Deutschland war und ist von einer bis heute steigenden Zahl von Insolvenzen bzw. deren Stagnation auf hohem Niveau begleitet. Von den Insolvenzen sind alle Branchen unserer Volkswirtschaft und zunehmend viele private Verbraucher betroffen. In der Öffentlichkeit finden vor allem spektakuläre Konkurse von großen Unternehmen ein verstärktes Interesse. Bedeutsam ist aber auch die Vielzahl der Insolvenzen kleiner und mittelständischer Unternehmen. Die mit den Unternehmensinsolvenzen verbundenen privaten und öffentlichen Schäden sind gewaltig. Arbeitsplatzverluste treffen ca. 500 000 Menschen pro Jahr und die finanziellen Schäden betragen mehr als 25 Mrd. €. Die damit verbundenen Kosten sind erheblich und belasten Wirtschaft und Staat. Nicht selten sind Insolvenzen auch mit vielen persönlichen Schicksalen verbunden.

Bei der Analyse der Ursachen von Insolvenzen stehen die Forderungsausfälle an erster Stelle gefolgt von schleppenden Zahlungen der Kunden und zu wenig Eigenkapital. Als weitere Ursachen sind Mängel im Rechnungswesen, in der Finanzierung, der Fixkostenbelastung sowie beim Personal zu nennen. Eine oder mehrere der genannten Ursachen führen nicht spontan zur Insolvenz. Neben innerbetrieblichen Gefährdungsgründen, die ihre Ursachen in erheblichen Managementfehlern haben, gehören überbetriebliche Existenzgefahren dazu. Die innerbetrieblichen Insolvenzursachen, stellten Experten fest, gehen in neun von zehn Fällen auf Versäumnisse der Unternehmensleitung zurück. Eine frühzeitige Durchleuchtung des gesamten Unternehmens wird unterlassen. Die laufende Kontrolle, exakte Organisation und straffe Führung als wichtigste Voraussetzung zur Krisenabwehr fehlen. Managementfehler verursachen strategische und operative Mängel, die zu Insolvenzen führen.

Strategische Mängel sind falscher Produktmix, Fehleinschätzung des Marktes, falsche Wettbewerbsstrategie, mangelhafte bzw. überteuerte Werbe- und Verkaufsförderung und ein niedriges Organisationsniveau.

Bei den operativen Ursachen sind hohe Bestände, Preisverfall, uneffiziente Abläufe und Konditionendruck, mangelhafte Kosten- und Preiskalkulation sowie unexakte Buchführung und Bilanzierung zu nennen. Diese Mängel vervollständigen das Ursachengefüge der Insolvenzen.

Die überbetrieblichen Existenzgefahren bestehen in nachlassender Nachfrage sowie in der Steuer- und Tarifpolitik. Die Reaktionen auf außerbetriebliche Insolvenzgefahren können aber nur in begrenztem Umfang erfolgen. Diese werden von weiteren Faktoren bestimmt, die von den Unternehmen nicht zu beeinflussen sind.

Die zwischenbetrieblichen Insolvenzursachen sind durch Forderungsausfälle bei Insolvenz von Auftraggebern und schleppendes Zahlungsverhalten bedingt.

Für die unbezahlten Rechnungen privater Schuldner sind folgende Ursachen zu nennen: (Mehrfachnennungen sind möglich)

Tabelle 1: Ursachen für Zahlungsausfälle privater Schuldner

Kriterium	% - Angabe
Überschuldung	91
Arbeitslosigkeit	79
zur Zeit mangelnde Liquidität	40
Vorsatz	35
Vergesslichkeit	11

Die Reduzierung von Forderungen durch Inkassotätigkeit ist deshalb eine dringliche Aufgabe in den Unternehmen.

1.2. Forderungen und Forderungsverluste und ihre besondere Bedeutung für Liquidität

Forderungen sind Ansprüche eines Unternehmens auf eine Leistung in Form einer Geld- oder sonstigen Leistung. Sie werden in der Bilanz unter verschiedenen Positionen ausgewiesen. Entsprechend dem Handelsgesetzbuch § 266 Absatz 2 setzt sich der Forderungsbestand aus Positionen des Anlage- und Umlagevermögens zusammen:

- Anzahlungen,
- Ausleihungen (Ausleihungen an verbundene Unternehmen, Ausleihungen an Unternehmen, mit denen ein Beteiligungsverhältnis besteht sowie sonstige Ausleihungen),
- Wertpapiere,
- Forderungen aus Lieferungen und Leistungen,
- Forderungen gegen verbundene Unternehmen,
- Forderungen gegen Unternehmen, mit denen ein Beteiligungsverhältnis besteht,
- Guthaben bei Kreditinstituten,
- Aktive Rechnungsabgrenzungsposten.

Es handelt sich bei Forderungen um eine Vielzahl verschiedener Bilanzpositionen im Anlage- und Umlaufvermögen, deren Bewertung nach unterschiedlichen Kriterien erfolgt. Eine der größten Positionen stellen die Forderungen aus Lieferungen und Leistungen (Debitoren) dar.

Bei vielen Unternehmen machen kurzfristige Forderungen rund ein Drittel der Bilanzsumme aus. Sie sind Ansprüche aus der Geschäftstätigkeit des Unternehmens, aus Dienstleistungs-, Werk- und Lieferungsverträgen. Die Gegenleistung ist aber durch den anderen Vertragspartner (Schuldner) noch nicht erbracht. Diese Forderungen sind positiv zu bewerten, weil in ihnen ein großer Teil von Vermögenspositionen gebunden ist. Sie bedeuten zugleich Einnahmen, die zukünftig auch Einzahlungen werden sollen. Diese Außenstände sind aber nachteilig für die Unternehmen, weil sie unfreiwillige Kredite an Kunden sind. Sie verursachen Zinsverluste und überflüssige Kosten.

Die Inanspruchnahme eines sehr langen Zahlungszieles durch den Schuldner erfordert nicht selten die Beanspruchung eines Kontokorrentkredits. Umfang und Zeitdauer der Beanspruchung zeigen, dass eigene liquide Mittel nicht ausreichend vorhanden sind. Zinskosten entstehen und belasten die Liquidität.

Die Konsequenz für die Unternehmensführung muss also sein, durch ein effektives Mahnwesen mit genauer Kontrolle der Zahlungseingänge die Außenstände schnell und ohne Verluste einzubringen und ohne die Kundenbeziehung zu beeinträchtigen. Die Liquidität des Unternehmens zu erhalten ist eine vorrangige Aufgabe. Die Verletzung dieser Forderung bedeutet das Ende des Unternehmens bei Erreichen der Zahlungsunfähigkeit. Liquidität ist die Fähigkeit der Unternehmung alle fälligen Zahlungsverpflichtungen zu einem bestimmten Zeitpunkt und in einer definierten Periode zu erfüllen.

Illiquidität entsteht nicht plötzlich. Es gibt verschiedene Anzeichen, die auf Liquiditätsprobleme hinweisen. Die bereits genannten hohen Forderungen aus Lieferungen und Leistungen beinhalten immer die Gefahr des Ausfalls und somit den Verlust von Einzahlungen.

Immer mehr Insolvenzverfahren beeinträchtigen durch die Uneinbringlichkeit von Forderungen die Liquidität der Gläubiger. Die Zahl der geregelten Insolvenzverfahren wird im Verhältnis zu den mangels Masse abgewiesenen immer geringer. Das ist eine wesentliche Ursache für die Schäden öffentlicher und privater Gläubiger, für den Zusammenbruch und die Vernichtung von Unternehmen. Ein effektives Mahnwesen ist umso wichtiger, weil die Entwicklung zeigt, dass immer mehr Insolvenzen mangels Masse abgewiesen werden.

Die folgende Tabelle zeigt die Ergebnisse der durchgeführten Insolvenzverfahren. Die Darstellung schließt mit dem Jahr 1998, weil gesicherte Daten dieser Entwicklung abschließend noch nicht verfügbar sind, da die Verfahrensprozesse längere Zeiträume beanspruchen.

Tabelle 2: Ergebnisse von Insolvenzverfahren

Jahr	Verfahren	eröffnet	mangels Masse abgelehnt	Vergleichsverfahren	Anschlusskonkurse
1993	20 298	5 842	14 401	73	18
1994	24 982	6 832	18 054	67	25
1995	28 785	8 024	20 735	56	30
1996	31 471	8 610	22 846	53	38
1997	33 398	8 834	24 529	35	x
1998	33 977	8 963	24 984	30	x

Quelle: eigene Erstellung mit Daten der Statistischen Jahrbücher der BRD, 1992 – 2000, Kapitel 7, Unternehmen und Arbeitsstätten.

Das Ziel der ab 01.01.1999 gültigen Insolvenzordnung besteht in der Verbesserung der Sanierungschancen für Unternehmen in wirtschaftlichen Schwierigkeiten. Die Insolvenzmasse soll vergrößert, mehr Insolvenzverfahren sollen eröffnet werden, so dass die Zahl der Gläubiger, die leer ausgeht, verringert wird.

1.3. Ziel und Struktur des Buches

Das Ziel des Buches besteht darin, Methoden des Inkassos als Tätigkeiten des betrieblichen Mahnwesens mit Vor- und Nachteilen darzustellen.

Inkasso ist als kaufmännisches oder außergerichtliches Mahnwesen zu verstehen. Es soll gezeigt werden, dass die Wirksamkeit des betrieblichen Mahnwesens von den Informationen abhängt die über den Schuldner zur Verfügung stehen. Die Informationen können aus internen oder externen Quellen gewonnen werden. Ihrer Beschaffung und Bewertung ist ein Gliederungspunkt gewidmet. Diese Informationen helfen, zum richtigen Zeitpunkt die entscheidenden Maßnahmen einzuleiten. Das Einbringungsrisiko von Forderungen kann verringert werden. Dabei sind es nicht nur die eigentlichen Forderungen welche die Liquidität des Unternehmens belasten. Die mit dem Inkasso verbundenen Kosten sind nicht unerheblich und sollen in einem weiteren Gliederungspunkt dargestellt werden.

Die Einschaltung eines Inkassounternehmens bedeutet die Ausgliederung des Mahnwesens als betriebliche Funktionseinheit. Weitere Möglichkeiten der Ausgliederung von Inkassounternehmungen sollen in einem späteren Gliederungspunkt dargestellt werden.

Gleichzeitig dürfen die Insolvenzen in den europäischen Nachbarländern nicht ohne Beachtung bleiben. Deutschland ist auch ein Exportland und fest in den Welthandel eingebunden. Viele Umsätze in deutschen Unternehmen werden direkt oder indirekt durch den Export verdient. Damit sind diese Unternehmen auch dem Insolvenzgeschehen außerhalb unserer Grenzen ausgesetzt. Auftretende Sprachprobleme, eine andere Mentalität und eine andere Rechtsordnung beeinflussen das Mahnwesen im Ausland. Oft ist ohne Rechtsbeistand und fundierte Kenntnisse der Rechtsordnung des jeweiligen Landes ein erfolgreiches Inkasso kaum möglich.[1] Die Vielzahl der Besonderheiten in den einzelnen Ländern, die beim Inkasso zu beachten sind, würde bei ihrer Darstellung den Rahmen dieses Buches überschreiten. Der Autor verzichtet deshalb auf Ausführungen zum Auslandsinkasso.

---

[1] Vgl. Jahn, Uwe (Hrsg.): Insolvenzen in Europa, 2. neu bearbeitete und erweiterte Auflage, Bonn 1997, S.V.

Da der Umfang des Auslandsgeschäftes nicht abnimmt, die Angleichung der Rechtsordnungen überhaupt noch nicht absehbar ist und Sprachprobleme weiterhin existieren, wird das Auslandsinkasso mit den damit verbundenen Kosten auch in Zukunft seinen Stellenwert im betrieblichen Mahnwesen einnehmen. Damit das betriebliche Mahnwesen weiterhin seinen Aufgaben gerecht wird, sollen in einem abschließenden Gliederungspunkt einige Ausblicke hinsichtlich der technischen und personellen Ausstattung dieses Funktionsbereiches gegeben werden. Sie sind mit einer kritischen Würdigung und der Darstellung offengebliebener Aspekte verbunden, Alternativen zum betrieblichen Inkasso werden aufgezeigt.

Die Verfahrensweisen zur Sicherung der Forderung und der Überleitung des betrieblichen Inkassos in das gerichtliche Mahnverfahren werden erläutert. Das gerichtliche Mahnverfahren selbst ist nicht Gegenstand der Darstellungen. Der Erfolg sollte außergerichtlich erreicht werden um Kosten zu sparen und um weitere Risiken einer möglichen Insolvenz des Schuldners durch Zeitverzug auszuschließen.

2.   Theoretische Grundlagen

2.1. Begriffsbestimmung des Inkassos

Das Wort „Inkasso" kommt aus dem Italienischen und bedeutet in der Überset-
zung soviel wie „Einkassieren" oder „In-die-Kasse-hereinnehmen".

Unter Inkasso wird allgemein der Einzug fälliger Forderungen verstanden, der
Zahlungsausgleich soll herbeigeführt werden. Bei Bargeschäften ist dies überflüssig. Zwischen Inkasso und Forderung ist somit ein kausaler Zusammenhang
vorhanden.

Die Inkassounternehmungen sind Tätigkeiten, deren Zweck darin besteht, fällige
Forderungen beizutreiben und somit zur Sicherung der Liquidität im Unternehmen beizutragen.

Inkassounternehmen hingegen sind selbstständige Wirtschaftseinheiten in verschiedenen Rechtsformen. Sie sind Dienstleister, deren Gegenstand das Rechts-
beratungsgesetz im Artikel 1 § 1 Absatz 1 Satz 2 Ziffer 5 als die „außergerichtliche Einziehung von Forderungen" bestimmt und die sich in ihrer Tätigkeit der
gleichen Methoden bedienen wie das betriebliche Mahnwesen.

2.2. Inkasso als Rechtsproblem

2.2.1.   Vertrag als Grundlage des Inkassos

Gewerbliche Austauschverträge sind dadurch gekennzeichnet, dass Vertragsabschluss, Empfang der Leistung und Fälligkeit der Zahlung auseinander-
fallen. Mit ausdrücklicher oder stillschweigender Abrede wird eine spätere
Zahlung vereinbart. Deshalb müssen bereits bei Vertragsabschluss die Inhalte
des Vertrages so konkret als möglich bezeichnet werden, so dass eine problem-
lose Abwicklung des Rechtsgeschäftes vorgenommen werden kann. Die Formulierungen in Angebot, Annahme und Vertrag müssen so konkret sein, dass die
Eindeutigkeit der beiderseitigen Willenserklärungen dokumentiert ist. Ein Vertrag kommt zustande, wenn ein Vertragspartner ein Angebot unterbreitet und
dieses von der anderen Vertragspartei angenommen wird.

Grundlage ist der § 157 BGB:

„Verträge sind so auszulegen, wie Treu und Glauben mit Rücksicht auf die Verkehrssitte es erfordern."

Im Angebot gegenüber einem Geschäftspartner im selben Geschäftsbereich kann davon ausgegangen werden, dass die Verwendung von handelsüblichen oder branchenspezifischen Formulierungen verstanden wird. Eine Frist zur Annahme sollte bestimmt sein. Der Anbietende muss sich dann nur innerhalb dieser Frist an die Preise binden. Die Annahme kann nur in der gesetzten Frist erfolgen.

Ist diese Frist verstrichen, so kann der Annehmende selbst nur ein neues Angebot unterbreiten. Der Inhalt kann durchaus identisch sein. Die Annahme selbst, oft verbunden mit einer Auftragserteilung, kann auf unterschiedliche Art erfolgen:

1. Ausdrückliche Annahme
   Die wesentlichen Punkte des Angebotes sollten dabei noch einmal wiederholt werden.

2. Konkludentes Handeln
   Unter konkludenten Handlungen sind Handlungen zu verstehen, bei denen ohne ausdrückliche (wörtliche) Willenserklärung auf einen bestimmten Willen im Rechtsgeschäft der Vertragsparteien geschlossen werden kann.

Beispiele:
Käufer K betritt ein Geschäft und entnimmt aus den ihm zugänglichen Regalen/Auslagen Waren. Er legt sie auf den Ladentisch und schickt sich an, diese zu bezahlen. Die vorgenommene Handlung lässt eindeutig auf den Kaufwillen schließen.

Der Beginn von Arbeiten zu einem bestimmten Termin in bestimmten Räumlichkeiten und mit den dafür nötigen Mitteln, die geduldet werden, entspricht konkludentem Handeln.

3. Schweigen

Handelt es sich bei den Vertragspartnern um Vollkaufleute, die in Geschäftsbeziehung stehen, so erzeugt Schweigen auf ein Angebot eine Bindungswirkung und Auftragserteilung.

§ 362 Abs. 1 HGB (Schweigen des Kaufmanns auf Anträge):

„Geht einem Kaufmann, dessen Gewerbebetrieb die Besorgung von Geschäften für andere mit sich bringt, ein Antrag über die Besorgung solcher Geschäfte von jemand zu, mit dem er in Geschäftsverbindung steht, so ist er verpflichtet, unverzüglich zu antworten; sein Schweigen gilt als Annahme des Antrags. Das gleiche gilt, wenn einem Kaufmann ein Antrag über die Besorgung von Geschäften von jemand zugeht, dem gegenüber er sich zur Besorgung solcher Geschäfte erboten hat."

Kaufmännische Bestätigungsschreiben sollen darüber hinaus die Vertragsinhalte festlegen und manifestieren. Schweigen hierauf bedeutet grundsätzlich Einverständnis. Der Inhalt eines solchen Schreibens sollte deshalb unverzüglich geprüft werden. Ein Widerspruch unterliegt keinem Formerfordernis. Dieser sollte aber unverzüglich erfolgen, spätestens zwei bis drei Tage nach Erhalt eines kaufmännischen Bestätigungsschreibens. Als besondere Form können diese Schreiben zusätzlich die Allgemeinen Geschäftsbedingungen enthalten. Diese können unter Umständen für den Verwender günstige Regelungen beinhalten. Um Nachteile zu Lasten des Empfängers auszuschließen, sind diese unverzüglich zu prüfen, und es ist ggf. sofort zu widersprechen. Überkreuzen sich solche Schreiben, sind jeweils die günstigeren Regelungen in den Allgemeinen Geschäftsbedingungen zukünftig Vertragsinhalt.

Grundsätzlich sollten folgende Punkte in den Allgemeinen Geschäftsbedingungen enthalten sein:

- Schriftformerfordernis (auch bei Änderungen bzw. Kündigungen)
- Sicherungsklauseln
- Fälligkeitsvereinbarungen
- Verfallklauseln
- Verzugszinsvereinbarung
- Gerichtsstandsvereinbarung
- Eigentumsvorbehalte.

Checkliste für Inhalte und Abfolge von Aufträgen:

Vor der Arbeit:

- Ist mein Gesprächspartner kompetent, den Auftrag zu erteilen?
- Liegt der Auftrag schriftlich vor?
- Wurde der Auftrag schriftlich bestätigt?
- Wurde im Schriftwechsel (Angebot, Auftragsbestätigung, später Rechnung) der Auftraggeber immer korrekt und einheitlich bezeichnet – Firma, Name, Vorname? (wichtig für eine spätere eindeutige Schuldneransprache)
- Wurden Abschlagzahlungen und Sicherungsklauseln vereinbart?

Während der Arbeit:

- Wurde die erbrachte Leistung schriftlich nachgewiesen, um Abschlagszahlungen fordern zu können?
- Hat der Kunde keinen Grund zur Zahlungsverzögerung, weil mängelfrei und pünktlich gearbeitet wurde?

Bei Nachtragsangeboten:

- Ist mein Gesprächspartner für den Auftrag zuständig?
- Wurde die Nachtragsvereinbarung schriftlich bestätigt?
- Hat der Auftraggeber den Umfang der Arbeiten und die damit verbundenen Kosten schriftlich mitgeteilt bekommen?
- Liegt eine schriftliche Bestätigung des Auftraggebers vor?

Nach der Arbeit:

- Wurde ein Abnahmetermin vereinbart?
- Ist die Schlussrechnung geschrieben, auf Vollständigkeit geprüft und mit Zahlungsdatum versehen?
- Liegt ein ausgefüllter Überweisungsträger bei?
- Werden die Zahlungseingänge überwacht?

Nach der Zahlungsfrist:

- Wurde der säumige Schuldner angesprochen?
- Ist gemahnt und sind Verzugszinsen angekündigt worden?
- Sind ggf. Gewährleistungsbürgschaften vorhanden, die zurückgefordert werden können?

2.2.2. Rechtlicher Zweck einer vorgerichtlichen Mahnung

Leistungen aus Verträgen sind ohne besondere Bestimmung sofort zu bewirken.

§ 271 BGB:

„Ist eine Zeit für die Leistung weder bestimmt noch aus den Umständen zu entnehmen, so kann der Gläubiger die Leistung sofort verlangen, der Schuldner sie sofort bewirken. Ist eine Zeit bestimmt, so ist im Zweifel anzunehmen, dass der Gläubiger die Leistung nicht vor dieser Zeit verlangen, der Schuldner sie aber bewirken kann."

Das gilt insbesondere für verschiedene Formen von Austauschverträgen. Die schwierige Durchführung von Bargeschäften bedingt Nebenabreden im Vertrag, die entgegen den gesetzlichen Bestimmungen, spätere Zahlungen ermöglichen.

Die in den Vertragsbedingungen anzutreffenden Formulierungen: „Zahlungen 2 Wochen nach Lieferung" oder „Zahlung 30 Tage nach Rechnungseingang" erfüllen die Forderung gemäß § 284 Abs. 2 Satz 1 BGB nicht ausreichend. Ein Fälligkeitsdatum kann mit diesen Formulierungen errechnet werden. Eine kalendermäßige Bestimmung treffen sie nicht. Ein bestimmter Kalendertag, das Datum, muss benannt werden.

Der Gläubiger ist verpflichtet, nach eingetretener Fälligkeit der Zahlungsverpflichtung den Schuldner nochmals zu erinnern, ihn zu mahnen. Der Gläubiger wird durch das Inkasso aktiv, wenn der Schuldner seiner Zahlungs- bzw. Bringschuld nicht nachkommt.

Aus dieser Sachlage heraus hat eine Mahnung den rechtlichen Zweck, den Schuldner in Verzug zu setzen.

§ 286 Abs. 1 Satz 1 BGB:

„Leistet der Schuldner auf eine Mahnung des Gläubigers nicht, die nach dem Eintritt der Fälligkeit erfolgt, so kommt er durch die Mahnung in Verzug."

Die Erfahrungen haben jedoch gezeigt, dass trotz Mahnung oft nicht oder selten gezahlt wurde. Die Mahnverfahren erstrecken sich häufig über längere Zeiträume und sind mit erheblichen Kosten verbunden. Das hat auch der Gesetzgeber erkannt und hat das „Gesetz zur Beschleunigung fälliger Zahlungen" verabschiedet. Dieses Gesetz ist mit Wirkung vom 01.05.2000 in Kraft getreten.

§ 286 Absatz 3 BGB bestimmt:

„Der Schuldner einer Entgeltforderung kommt spätestens in Verzug, wenn er nicht innerhalb von 30 Tagen nach Fälligkeit und Zugang einer Rechnung oder gleichwertigen Zahlungsaufstellung leistet; dies gilt gegenüber einem Schuldner, der Verbraucher ist, nur, wenn auf diese Folgen in der Rechnung oder Zahlungsaufstellung besonders hingewiesen worden ist. Wenn der Zeitpunkt des Zugangs der Rechnung oder Zahlungsaufstellung unsicher ist, kommt der Schuldner, der nicht Verbraucher ist, spätestens 30 Tage nach Fälligkeit und Empfang der Gegenleistung in Verzug."

Mit dieser gesetzlichen Regelung stellt der Gesetzgeber klar, dass es nicht mehr notwendig ist zu mahnen. Der Schuldner befindet sich ohne weitere Aktivität des Gläubigers 30 Tage nach Zugang der Rechnung im Verzug. Der Zeitraum verlängert sich, wenn andere Zahlungsziele vereinbart werden.

Beispiel:
Mit der Aufforderung „Zahlbar innerhalb von 14 Tagen" wird die Rechnung später, d.h. nach 14 Tagen fällig. Die Verzugsfrist beginnt somit nach 14 Tagen. Der Schuldner kommt aber erst ab diesem Zeitpunkt plus 30 Tage in Verzug.

Die neue Verzugsregelung gibt dem Gläubiger die Möglichkeit, nach Ablauf der Frist von 30 Tagen gerichtliche Maßnahmen einzuleiten.

Unabhängig aller sonstigen Einwände des Schuldners obliegt zuerst dem Gläubiger der Nachweis des Zugangs der Mahnung oder Zahlungsaufforderung beim Schuldner. Kann der Gläubiger diesen Nachweis nicht erbringen, so kann die gerichtliche Auseinandersetzung mit einer kostenpflichtigen Niederlage enden.

Die erste und oft verwendete Einrede des Schuldners ist die, eine Rechnung bisher nicht erhalten zu haben. Ein Einschreiben mit Rückschein kann das Argument entkräften. Diese Verfahrensweise ist jedoch beim Massenversand kaum zu praktizieren, noch ist sie wirtschaftlich. Eine Rechnung per Fax kann mit dem Sendeprotokoll nachgewiesen werden, wird aber für eine rechtliche Anerkennung als nicht ausreichend angesehen.

Der gesamte Prozess der Forderungsbeitreibung beginnt aber bereits viel früher.

Die Grundlage für alle erfolgreichen Mahnverfahren ist eine ordnungsgemäße Rechnung. Das Umsatzsteuergesetz verlangt im § 14 Absatz 1 Satz 2 Mindestinhalte einer Rechnung.

Eine korrekte Rechnung sollte folgende Angaben enthalten:

- Firmenbriefbogen mit Adresse,
- Weitere Kommunikationswege (Telefon, Fax, E-Mail),
- Ansprechpartner für Rückfragen,
- Kundennummer, Rechnungsnummer, Auftragsdatum, Auftragsnummer sowie Angaben zum Produkt oder zur Leistung,
- Aufschlüsselung der Ware oder Leistung nach Einzelpreis, Gesamtpreis netto, Umsatzsteuer, Gesamtpreis brutto,
- Letzter Zahltag,
- Skonto oder Skontostaffel (in Prozent und in Euro, um Rechnungsfehler auszuschließen) und jeweils letzter Zahltag für den Abzug,
- Kontoführendes Kreditinstitut, Bankleitzahl (BLZ), Kontonummer,
- Unterschrift bzw. Vermerke der maschinellen Erstellung.

Jeder redliche Schuldner, Kunde und Geschäftspartner wird eine solche Rechnung akzeptieren. Es ist deshalb fraglich, ob gegen solche Schuldner sofort nach Eintritt des Verzugs, wie im Gesetz vorgesehen, ein gerichtliches Vorgehen eingeleitet werden muss. Im Interesse der Kundenpflege und in der Hoffnung auf weitere Geschäfte empfiehlt es sich, noch eine Zahlungserinnerung bzw. Mahnung zu schicken. In einem Telefongespräch kann ebenfalls auf eine offene Forderung aufmerksam gemacht werden. Auch vor Ablauf der Frist kann ein Gläubiger auf eine fällige Forderung hinweisen. Eine Rechtswirkung wird damit jedoch nicht entfaltet. Der Kunde soll informiert werden und ggf. darauf aufmerksam gemacht werden, dass ab einem bestimmten Datum Verzugsfolgen eintreten. Der Kunde der jetzt nicht reagiert, wird auch späterhin nicht einwenden können, eine Rechnung nicht erhalten zu haben. Der Gläubiger kann weiterhin davon ausgehen, dass der Schuldner keine akzeptablen Gründe vorweisen kann, welche die Zahlung hinauszögern können.

Die Besonderheit bei Privatpersonen besteht darin, dass die Frist von 30 Tagen nicht verkürzt werden kann. Die Geschäftskunden unterliegen gleichen Fristen, wenn in den Allgemeinen Geschäftsbedingungen (AGB) keine abweichenden Regelungen getroffen sind.

Alle Maßnahmen des Gläubigers sollten darauf abzielen, dass der Kunde auch Kunde bleibt, Zahlungen des Kunden erfolgen, der Gläubiger seine Liquidität und somit seine Existenz sichert.

2.2.3. Schadenersatz

Der Schuldner, der in Verzug gerät, hat den entstandenen Schaden zu ersetzen, § 280 BGB. Der Verzugsschaden besteht aus Zinsen und weiteren Kosten, nach § 288 BGB. Mit dem Gesetz zur Beschleunigung fälliger Zahlungen wurde für die Verzugszinsen eine Änderung vorgenommen.

Dazu wurde § 288 Absatz 1 Satz 1 BGB neu gefasst:

„Eine Geldschuld ist während des Verzugs zu verzinsen. Der Verzugszinssatz beträgt für das Jahr fünf Prozentpunkte über dem Basiszinssatz."

Der Basiszinssatz ist im § 247 Absatz 1 Satz 1 BGB geregelt. Eine Veränderung erfolgt zum 1. Januar und 1. Juli eines jeden Jahres und wird durch die Deutsche Bundesbank im Bundesanzeiger bekannt gegeben.

Beispiel:

Bei einem Basiszinssatz von 3,62 Prozent können somit 8,62 Prozent Verzugszinsen berechnet werden.

Der § 288 Absatz 2 BGB regelt folgende Besonderheit:

„Bei Rechtsgeschäften, an denen ein Verbraucher nicht beteiligt ist, beträgt der Zinssatz für Entgeltforderungen acht Prozentpunkte über dem Basiszinssatz."

Gewerbliche Schuldner haben höhere Verzugszinsen zu entrichten.

Beispiel:

Der Basiszinssatz wurde zum 01.01.2002 von 3,62% auf 2,57% gesenkt. Der Zinssatz für Entgeltforderungen beträgt 8% über dem Basiszinssatz. Es können Verzugszinsen von 10,57% berechnet werden.

22

In Kürze muss hier aber mit einer weiteren Änderung gerechnet werden. Die Europäische Union hat einen Verzugszinssatz von 7 Prozent über dem Basiszinssatz beschlossen. Die Länder haben zwei Jahre Zeit zur Umsetzung.

Die in der Vergangenheit geltenden Verzugszinsen von 4 Prozent § 288 BGB (alt) und 5 Prozent § 352 HGB, bei beiderseitigen Handelsgeschäften, sind somit ersetzt worden.

Nach § 288 Absatz 3 BGB können aber auch noch höhere Zinsen als durch die Neuregelung im § 288 BGB bestimmt, beansprucht werden. Höhere Zinsforderungen können geltend gemacht werden, wenn der Gläubiger Kredit in Anspruch nehmen musste. Durch eine pünktliche Zahlung wäre ein Überziehungskredit in größerem Umfang nicht notwendig geworden. Den höheren Zinsschaden muss der Gläubiger allerdings durch die Vorlage einer Bescheinigung seines Kreditinstitutes nachweisen.

Der Gläubiger der kein Darlehen beansprucht, den ausstehenden Betrag jedoch zu einem höheren Zinssatz hätte gewinnbringend anlegen können, kann den höheren Zins als entgangenen Gewinn ebenfalls als Schadenersatz geltend machen.

Der Verzugsschaden umfasst neben den Zinsen auch weitere Kosten. Dazu gehören die Kosten für ein Inkassounternehmen, für einen Rechtsanwalt und für das gerichtliche Mahnverfahren. Betriebliche Mahnungen gehören nicht hierzu, wenn der Verzug noch nicht eingetreten ist. Die nach dem Verzug entstehenden Mahnkosten können geltend gemacht werden, wenn die Mahnungen nicht überflüssig oder aussichtslos waren. Die Kosten für die erste Mahnung, die den Verzug herbeiführt, stellen noch keinen Verzugsschaden dar und können nicht geltend gemacht werden. Die Mahnkosten des Gläubigers werden von der Rechtssprechung in der Regel mit pauschal 2,50 € pro Mahnung akzeptiert. Die Kosten sind aber höher.

2.2.4. Verjährung

Die Vorschriften über die Hemmung und Unterbrechung der Verjährung sind im Zusammenhang mit der Modernisierung des Schuldrechts zum 01.01.2002 geändert worden. Sie sind in den §§ 194-218 BGB geregelt. Die gesetzlichen Bestimmungen, die den Lauf der Verjährung anhalten (Hemmung) oder sie erneut in Gang setzen (jetzt „Neubeginn", früher „Unterbrechung") wurden grundlegend geändert. Die regelmäßige Verjährungsfrist beträgt jetzt drei Jahre. Viele Gläubiger betrachten die Verjährungsfrist als ungerecht und nachteilig. Mit der

Verjährung werden die über einen längeren Zeitraum unangefochtenen Tatbestände als zu Recht anerkannt. Der Schuldner muss nicht für eine unbegrenzte Zeit Rücklagen für die Begleichung von Forderungen bilden. Die Rechtsverfahren sollen beschleunigt und die Gerichte sollen von Verfahren entlastet werden, die ihren Ausgangspunkt in lang zurückliegenden Sachverhalten haben. Rechtssicherheit soll geschaffen werden. Der Gläubiger ist durch konsequentes Handeln gefordert, einen für ihn möglichen Rechtsverlust zu verhindern. Dieser Prozess beginnt mit der frühzeitigen Einleitung des kaufmännischen Mahnverfahrens. Die Unkenntnis der Verjährung schützt den Gläubiger nicht vor deren Eintritt.

Die Verjährungsfrist beginnt mit dem Schluss des Jahres, in welchem der Anspruch entstanden ist und der Gläubiger von den begründeten Umständen und der Person des Schuldners Kenntnis erlangt hat. Bei Ansprüchen, die nicht der regelmäßigen Verjährung unterliegen, beginnt die Verjährung mit der Entstehung des Anspruches, wenn nicht ein anderer Verjährungsbeginn bestimmt ist. Das Einführungsgesetz zum BGB enthält Überleitungsvorschriften für bestimmte Regelungsbereiche. Die Hemmung der Verjährung verhindert den Lauf der Verjährungsfrist. Im § 204 BGB sind die Tatbestände genannt, die eine Hemmung auslösen. Für Kaufleute ist die Hemmung der Verjährung aus Rechtsgründen von Bedeutung. Der § 203 BGB bestimmt:

„Schweben zwischen dem Schuldner und dem Gläubiger Verhandlungen über den Anspruch oder die den Anspruch begründenden Umstände, so ist die Verjährung gehemmt, bis der eine oder der andere Teil die Fortsetzung der Verhandlungen verweigert."

Vom Ende der Hemmung kann ausgegangen werden, wenn nach Ablauf eines Zeitraumes (Grundsatz von Treu und Glauben) ein nächster Verhandlungsschritt zu erwarten gewesen wäre. Ein Kaufmann kann die Hemmung weiterhin durch Erhebung der Klage, die Zustellung eines Mahnbescheides oder Anmeldung des Anspruchs im Insolvenzverfahren auslösen. Grundlage ist § 204 BGB.

Die Hemmung der Verjährung kann durch außergerichtliche Mahnungen nicht herbeigeführt werden. Der Neubeginn der Verjährung (früher Unterbrechung) ist im § 212 BGB geregelt. Nur noch durch Anerkenntnis oder Vollstreckungshandlung kommt es zum Neubeginn. Der Tatbestand des Anerkenntnisses ist bei Leistung einer Abschlagszahlung oder Erbringung einer Sicherheitsleistung gegeben. Der Gläubiger muss beachten, dass solche Verhaltensweisen des Schuldners wie Ankündigung einer Zahlung, die Klärung des Sachverhaltes oder das Eingeständnis eines Fehlers keine Anerkenntnisse sind. Ein konsequentes Mahnwesen kann nachteilige Rechtsfolgen für das Unternehmen verhindern. Die folgende Tabelle zeigt wichtige Ausnahmen von der dreijährigen Verjährungsfrist.

Tabelle 3: Verjährungsfristen

Verjährungsfrist	Gegenstand	Beginn	Anspruchsgrundlage
1 Jahr	Verbrauchsgüterkauf von gebrauchten Sachen	Lieferung der Sache	§ 475 Absatz 2 BGB
2 Jahre	Gewährleistungsrechte aus Rechts- oder Sachmängeln (nicht Bauwerke)	Lieferung der Sache	§ 438 Absatz 1 Nummer 3 BGB, § 634 a Nr. 1 BGB
5 Jahre	Gewährleistungsrechte bei Bauwerksmängeln	Abnahme des Bauwerkes	§ 438 Absatz 1 Nummer 2 BGB
10 Jahre	Ansprüche aus Eigentumsübertragungen an Grundstücken oder sonstigen Rechten an Grundstücken	Fälligkeit des Anspruchs	§ 196 BGB
30 Jahre	Herausgabeanspruch aus Eigentum, Rechtskräftig festgestellte Ansprüche	Fälligkeit des Anspruchs	§ 197 Absatz 1 Nummer 1-3 BGB

2.3. Forderungen als Liquiditätsproblem

2.3.1. Forderungsausfälle als Einflussfaktor des Erfolgs

Forderungsausfälle wirken sich auf den Erfolg von Unternehmen aus. Bei geringen Umsatzrenditen können Forderungsausfälle nur durch erhebliche Steigerungen des Umsatzes kompensiert werden, wenn diese am Markt realisierbar sind. Forderungsverluste wirken sich umso krasser auf die Ertragssituation aus, je geringer die Ertragskraft des Unternehmens ist. Bereits geringe Außenstände verlangen einen erheblichen Mehrumsatz, um den Gewinnverlust auszugleichen.

Tabelle 4: Einfluss von Forderungsausfällen auf den Erfolg

	Fall 1	Fall 2	Fall 3	Fall 4
Umsatz (T €) :	1000	1000	1000	1000
Angestrebte Umsatzrendite (%):	2	5	10	20
Angestrebter Gewinn (T €):	20	50	100	200
Forderungsausfall (T€):	10	20	30	50
Forderungsausfall in % v. Umsatz:	1	2	3	5
Gewinn nach Forderungsausfall:	10	30	70	150
Erforderlicher Mehrumsatz (T €):	500	400	300	250
Umsatzsteigerung (%):	50	40	30	25

Umsatzerlöse, die nicht in der vereinbarten Frist als liquide Mittel in das Unternehmen zurückfließen, stehen für den betrieblichen Leistungsprozess nicht zur Verfügung. Um diesen aufrecht zu erhalten, müssen andere Finanzierungsmöglichkeiten angewendet werden. Das bedeutet nichts anderes, als dass der Umsatz zunächst finanziert werden muss. Weitere Faktoren, wie Mahn- und Finanzierungskosten, die auch auszahlungswirksam werden, beeinträchtigen den Erfolg und die Liquidität.

2.3.2. Forderungsbestand als Liquiditätsproblem

Zahlungsverzug des Schuldners innerhalb einer bestimmten Periode bedeutet, dass die aus den Umsatzerlösen erzielten liquiden Mittel nicht zur Innenfinanzierung zur Verfügung stehen. Der betriebliche Leistungsprozess, die Umschichtung der Vermögensgegenstände, kann nicht vollständig mit eigenen Mitteln vollzogen werden. Re- und Nettoinvestitionen des Unternehmens können nicht aus den Umsatzerlösen im Unternehmen durchgeführt werden. Die aus den Umsätzen realisierten Gewinne können nur dann zur Finanzierung genutzt werden, wenn ihnen adäquat die liquiden Mittel entsprechen, die im Unternehmen vorhanden sind. Gleiches trifft auf die Finanzierung aus Abschreibungs- und Rückstellungsgegenwerten zu, die nur mit realisierten Umsätzen möglich ist. Hohe Forderungen über längere Zeiträume, verbunden mit einem hohen Ausfall- oder Einbringungsrisiko sowie Forderungsausfälle überhaupt, bedingen die Fremdfinanzierung bei nicht ausreichender Ausstattung mit Eigenkapital.

Zur Verbesserung der Entscheidungsfindung über den Einsatz von Inkassomethoden kann die Arbeit mit Kunden- und kundenstrukturbezogenen Kennzahlen bedeutsam sein.

Folgende Kennzahlen können berücksichtigt werden:[1]

1. Umsatzstruktur der Zieleinräumung

$$= \frac{\text{Umsatz (Bar, Skonto, 30, 60, 90 Tage Zahlungsziel) x 100}}{\text{Gesamtumsatz}}$$

2. Zusammensetzung der Forderungen nach ihrem Alter

$$= \frac{\text{Forderungen bis 30 Tage (31-60, 60-90, über 90 Tage) x 100}}{\text{Gesamtforderungen}}$$

---

[1] Radke, Magnus: Die große betriebswirtschaftliche Formelsammlung, 9. unveränderte Auflage, Landsberg/Lech 1996, S. 83.

3. Zusammensetzung der Forderungen nach Abnehmergruppen

$$= \frac{\text{Forderungen Inland (Ausland, Einzelhändler, Großabnehmer) x 100}}{\text{Gesamtforderungen}}$$

4. Zusammensetzung der Forderungen nach der Forderungshöhe

$$= \frac{\text{Summe der Forderungen von ... bis ... € je Debitor x 100}}{\text{Gesamtforderungen}}$$

5. Zusammensetzung der Forderungen nach der Debitorenzahl

$$= \frac{\text{Zahl der Debitoren von...bis ... € Schulden x 100}}{\text{Anzahl der Debitoren}}$$

6. Zusammensetzung der Forderungen nach Umsatzgruppen

$$= \frac{\text{Summe der Forderungen aus Umsatz von...bis ... € x 100}}{\text{Gesamtforderungen}}$$

7. Debitorenrisiko

$$= \frac{\text{Zweifelhaft Forderungen x 100}}{\text{Jahres- (Monats-) Kredit-Umsatz}}$$

8. Debitorenverluste

$$= \frac{\text{Verluste bei Debitoren x 100}}{\text{Gesamtdebitoren}}$$

Der Kreditverantwortliche im Unternehmen soll rechtzeitig Gefahren erkennen und die Auswirkungen für das eigene Unternehmen minimieren.

Zur Beurteilung eines möglichen Kapitalbedarfs dienen auch Umschlagskoeffizienten. Im Zeitvergleich ergeben diese genaue Daten über die Bindung des Vermögens. Das Kundenziel und der Debitorenbestand ermöglichen wirkungsvolle Aussagen.

Das Kundenziel kann durch folgende Formel berechnet werden:

$$\text{Kundenziel} = \frac{\text{Kundenforderungen} \times 365}{\text{Umsatz}}$$

Je kürzer das Kundenziel umso weniger Kapital wird gebunden. Das Ausfallrisiko wird verringert. Das Kundenziel ist branchenabhängig, sollte aber 30 Tage möglichst nicht überschreiten.

Durch Umstellung kann der Debitorenbestand ermittelt werden, der in Abhängigkeit vom Kundenziel finanziert werden muss :

$$\text{Debitorenbestand} = \frac{\text{Kundenziel} \times \text{Umsatzerlöse}}{365}$$

Die Umschlagdauer der Debitoren (Kundenziel, Debitorenlaufzeit) lässt eine Aussage zur Verweildauer der Vermögenspositionen außerhalb des Unternehmens zu. Es kann auch eine Aussage zur Organisation im Unternehmen, zum Mahnwesen, abgeleitet werden.

Die Inanspruchnahme eines sehr langen Zahlungszieles durch den Schuldner erfordert nicht selten die Beanspruchung eines Kontokorrentkredits. Umfang und Zeitdauer der Beanspruchung zeigen, dass eigene liquide Mittel nicht ausreichend vorhanden sind. Zinskosten entstehen und belasten die Liquidität.

Eine notwendige Finanzierung des Debitorenbestandes durch einen Kontokorrentkredit der Bank verursacht erhebliche Zinskosten.

Die folgende Tabelle soll den Zusammenhang darstellen.

Tabelle 5: Zinskosten bei der Finanzierung des Debitorenbestandes

Umsatzerlöse in €	Kundenziel in Tagen	Debitorenbestand in €	Zinskosten für Kontokorrent 1% mtl. in €
2 000 000	30	164 383, 56	16 438, 36
2 000 000	60	328 767, 12	32 876, 71
2 000 000	90	493 150, 68	49 315, 07
5 000 000	30	410 958, 90	41 095, 89
5 000 000	60	821 917, 81	82 191, 78
5 000 000	90	1 232 876, 70	123 287, 67
10 000 000	30	821 917, 81	82 191, 78
10 000 000	60	1 643 835, 60	164 383, 56
10 000 000	90	2 465 753, 40	246 575, 34

Unter der Annahme, dass eine monatliche Verzinsung erfolgt und der Aufbau des Debitorenbestandes unberücksichtigt bleibt, kann man erkennen, dass sich bei gleichem Umsatz die Zinskosten verdoppeln bzw. verdreifachen, wenn sich das Zahlungsziel verdoppelt bzw. verdreifacht.

Bei stabilen Kundenzielen steigen die Zinskosten bei steigendem Umsatz. Dieser Umstand macht den Kontokorrentkredit teuer. Er ist aber als Form der kurzfristigen Fremdfinanzierung sehr verbreitet.

Mit einem effektiven Mahnwesen können die Zinskosten bei dieser Art der Finanzierung wesentlich verringert werden.

Für die Zielsetzung des Mahnwesens kann folgende Rechnung hilfreich sein:

Beispiel:

$$\frac{\text{Jahresumsatz (€)}}{365 \text{ Tage}} = \text{durchschnittlicher Tagesumsatz}$$

$$\frac{5\,000\,000\ \text{€}}{365} = 13\,698,63\ \text{€}$$

$$\frac{\text{Forderungen (€)}}{\text{durchschnittlicher Tagesumsatz (€)}} = \begin{array}{l}\text{Anzahl der Tage mit}\\ \text{ausstehendem Umsatz}\end{array}$$

$$\frac{1\,000\,000\ \text{€}}{13\,698,63\ \text{€}} = 73\ \text{Tage}$$

Bei einer üblichen Zahlungsfrist von 30 Tagen belaufen sich die stehenden Forderungen in der Höhe von 30 Tagesumsätzen auf 410 958, 90 €.

Die ausstehenden Forderungen entsprechen fast dem 2,5fachen (2,433) der normalen Außenstände. Ein Inkassoproblem ist entstanden. Die aufgelaufenen Forderungen sind größer als die Forderungen, die der vereinbarten Zahlungsfrist von 30 Tagen entsprechen.

Wird zusätzlich noch eine Frist von 10 Tagen gewährt, erhöht sich der Forderungsbestand wesentlich:

(30 + 10 Tage) x durchschnittlicher Tagesumsatz = Forderungshöchstbestand

40   x   13 698, 63 €   =   547 945, 20 €

Die ausstehenden Forderungen hätten also nicht höher als 547 945, 20 € sein dürfen.

Um eine solche Situation zu überbrücken, wird durch die Unternehmen oft ein längerer Lieferantenkredit in Anspruch genommen. Der Lieferantenkredit ist ein Zahlungsaufschub der vom Verkäufer durch das Einräumen von Zahlungszielen gewährt wird. Er ist somit als freiwilliger Lieferantenkredit zu verstehen. Verzögert der Kunde die Zahlung bewusst über das vereinbarte Zahlungsziel hinaus, so erzwingt er einen zusätzlichen Lieferantenkredit. Man spricht dann vom unfreiwilligen Lieferantenkredit. Es handelt sich bei einem Lieferantenkredit jedoch nicht um die Vergabe liquider Mittel. Dieser Kredit ist der Bedeutendste in der Wirtschaft. Mit dem Entstehen der Schuld und ohne Formalitäten steht er zur Verfügung. Der Schuldner selbst ist von Kreditinstituten unabhängig. Diesen Vorteilen steht ein großer Nachteil gegenüber: Der geringe Effektivzins für die Tage der Kreditgewährung ist in Wirklichkeit ein sehr hoher effektiver Jahreszins.

Berechnungsformel:

$$\text{Zinssatz} = \frac{\text{Skontoverzinsung in \% x 360}}{\text{Zahlungsziel in Tagen} - \text{Skontofrist in Tagen}}$$

Beispiel: Zahlungsziel 30 Tage mit folgender Skontostaffel:
- Zahlbar innerhalb von 10 Tagen mit 3 % Skonto
- Zahlbar innerhalb von 14 Tagen mit 2 % Skonto
- Zahlbar innerhalb von 20 Tagen mit 1 % Skonto
- Zahlbar innerhalb von 30 Tagen netto

Skontosatz	Skontoverzinsung p.a.
3 %	54
2 %	45
1 %	36

Dieser hohe Zins muss vermieden werden, Skontoabzug sollte vorgenommen und der Kontokorrentkredit einer Bank beansprucht werden.[1]

Ein Betriebsmittelkredit mit einem ausreichenden Spielraum kann zur Begleichung der Lieferantenverbindlichkeiten unter Ausnutzung von Skonti hilfreich sein. Er sollte so groß sein, dass größere Aufträge mit höheren Warenverbindlichkeiten abgedeckt werden können.

---

[1]   Die durchgeführten Berechnungen sind nach der o.g. Faustformel erfolgt. Eine ausführliche Darstellung der genauen Zinsberechnung in dem sogenannten Zweizahlungsfall findet sich bei Däumler, Klaus-Dieter, Betriebliche Finanzwirtschaft, 6. neubearbeitete und erweiterte Auflage, Herne/Berlin 1993, S. 235 ff.

Kundenzahlungen verbessern die Liquiditätslage des Unternehmens. Vor Erhalt der Sache zahlt der Käufer den Preis teilweise oder insgesamt. Er gewährt einen Kredit an den Lieferanten.

Ursache ist der längere Zeitaufwand zur Herstellung einer Sache. Die Verfahrensweise ist in einigen Branchen z.b. Bau, Schiffbau, Stahl- und Maschinenbau üblich. Diese Anzahlungen erhöhen für den Hersteller die Sicherheit, dass der Kunde die fertiggestellte Ware auch abnimmt.

Vereinbarte Kundenanzahlungen gründen sich auf eine starke Marktposition des Anbieters. Sie sind aber nicht zinslos, wie vielfach angenommen wird. Wird der vereinbarte Preis nicht als Vorauszahlungspreis gezahlt so verteilt sich dieser in Anzahlungsraten über die Produktionszeit. Unter Berücksichtigung von Zins und Zinseszins unterscheiden sich die Anzahlungsraten insgesamt vom vereinbarten Vorauszahlungspreis.[1]

Der Wechselkredit basiert auf einem schuldrechtlichen Wertpapier, dem Wechsel. Der Wechselstrenge, die durch die unbedingte Anweisung dokumentiert und vergleichsweise schnell durchsetzbar ist, steht als Vorteil der niedrige Zins des Wechseldiskontkredites gegenüber. Die noch nicht fällige Wechselforderung ihres Kunden kann eine Bank ankaufen. Sie bevorschusst den Wechsel. Diese Kreditform wird als Diskontkredit bezeichnet.

Eine zweite Form ist der Akzeptkredit. Die Bank akzeptiert einen auf sie gezogenen Wechsel ihres Kunden. Damit werden zunächst keine liquiden Mittel zu Verfügung gestellt. Es handelt sich hierbei um Kreditleihe. Die Bank stellt ihre Bonität zu Verfügung.

Gleiches Prinzip herrscht beim Avalkredit. Ein Kreditinstitut gibt eine Bürgschafts- oder Garantierklärung zu Gunsten ihres Kunden, für die von ihm eingegangene Verpflichtung, ab.

Der Lombardkredit beruht auf der Beleihung beweglicher Sachen und Rechte. Die verschiedenen Lombardkredite begründen sich auf der Vielfalt der Pfandobjekte.

Die Auswahl der jeweiligen Methode richtet sich nach dem Umfang der Finanzierung, ihrer schnellen Realisierbarkeit sowie der vom Gläubiger angestrebten

---

[1]   Vgl. Däumler, Klaus-Dieter: S. 191 ff.

Sicherheit. Ein Unternehmen sollte sich stets mehrere Möglichkeiten offen halten.

Bei dauerhaften Beziehungen zwischen zwei Geschäftspartnern kann gemäß §§ 355 ff. HGB ein Kontokorrentkonto geführt werden.

Das Kontokorrent (conto corrente, ital. = laufende Rechnung) ist ein bei laufender Rechnung geführtes Konto.

In regelmäßigen Zeitabständen werden die gegenseitigen Forderungen aufgerechnet und ein Saldo gebildet. Dieser ist von rechtlicher Bedeutung.

2.3.3. Werthaltigkeit von Forderungen

Die Werthaltigkeit von Kundenforderungen muss unter dem bewertungsrechtlichen Aspekt und als Risiko beim Kreditnehmer betrachtet werden. Das HGB und das EStG enthalten keine besonderen Vorschriften über die Bewertung von Forderungen. Allgemeine Bestimmungen sind maßgebend. In der Handelsbilanz müssen die Anschaffungskosten bzw. ein niedrigerer Wertansatz angesetzt werden.

§ 253 Abs. 1 Satz 1 HGB bestimmt:

„Vermögensgegenstände sind höchstens mit den Anschaffungs- oder Herstellungskosten, vermindert um Abschreibungen (...) anzusetzen."

Zum niedrigeren Wertansatz beim Umlaufvermögen bestimmt § 253 HGB, dass Abschreibungen auf Vermögensgegenstände des Umlaufvermögens vorzunehmen sind, deren Wert am Abschlussstichtag dem Börsen- oder Marktpreis entspricht. Abschreibungen sind auch dann vorzunehmen, wenn der Wert des Vermögensgegenstandes am Abschlussstichtag geringer ist als die Anschaffungs- oder Herstellungskosten.

Für die Steuerbilanz ist § 6 Abs. 1 Nr. 2 EStG maßgebend:

„Andere als die in Nummer 1 bezeichneten Wirtschaftsgüter des Betriebes (Grund und Boden, Beteiligungen, Umlaufvermögen) sind mit den Anschaffungs- oder Herstellungskosten oder dem an deren Stelle tretenden Wert, vermindert um Abzüge nach § 6b und ähnliche Abzüge, anzusetzen. Ist der Teilwert (Nummer 1 Satz 3) auf Grund einer voraussichtlich dauernden Wertminderung niedriger, so kann dieser angesetzt werden."

Der wirkliche Wert einer Forderung (Tageswert) deckt sich nicht immer mit dem Nennwert (Anschaffungswert). Vor allem wegen Zahlungsunfähigkeit von

Kunden kommt es zu Ausfällen. Verbuchte oder im Jahresabschluss ausgewiesene Forderungen dürfen nicht vorbehaltlos der Liquiditätsreserve zugerechnet werden.

Kundenforderungen können in drei Gruppen eingeteilt werden:

1. Gute (einbringliche) Forderungen,

2. Zweifelhafte (dubiose) Forderungen und

3. Uneinbringliche Forderungen.

Zweifelhafte Forderungen sind jene, mit deren Eingang man nicht mit Sicherheit rechnen kann. Das trifft auf solche Kunden zu, die Mahnungen unberücksichtigt lassen, nur sehr schleppend zahlen, oder wenn über das Vermögen des Schuldners ein Insolvenzverfahren beantragt worden ist. Ein strittiges Verfahren zum Sachverhalt lässt in der Regel darauf schließen, dass die Forderung ebenfalls nicht in vollem Umfang einbringlich ist.

Forderungen mit deren Eingang nicht mehr zu rechnen ist, sind uneinbringlich. Dieses trifft zu bei Insolvenzeinstellungen mangels Masse, fruchtlosen Vollstreckungen oder nach Abgabe einer eidesstattlichen Versicherung durch den Schuldner. Forderungen sind uneinbringlich, wenn der Schuldner die Einrede der Verjährung nach § 214 BGB geltend macht.

Für die Bewertung der uneinbringlichen Forderungen bestimmt § 12 Abs. 2 BewG: „Forderungen, die uneinbringlich sind, bleiben außer Ansatz."

Bei der Anwendung des Bewertungsgrundsatzes der Vorsicht werden alle Risiken und Verluste die vorhersehbar und die entstanden sind berücksichtigt. Entscheidend ist dabei auch die Bewertung des Kunden.

Die Abschreibung oder Wertberichtigung hat vom Nettobetrag (Bruttobetrag abzüglich Mehrwertsteuer) zu erfolgen.Die Korrektur der Umsatzsteuer erfolgt auf der Grundlage des § 17 UStG. Ein Erstattungsanspruch gegenüber dem Finanzamt entsteht.

Ein besonderes Problem der Bewertung von Kundenforderungen tritt dann auf, wenn dem Schuldner langfristig ein Zahlungsaufschub gewährt wird.

Wie sind diese Forderungen zu bewerten?

„Nach herrschender Meinung bildet im Falle langfristig unverzinslicher oder niedrigverzinslicher Stundung von (gewinnrealisierenden) Warenforderungen der Barwert die Anschaffungskosten dieser Forderung."[1]

Getragen wird diese Auffassung von dem Gedanken, dass bei der Langfristigkeit der Stundung bei einem Bilanzsatz zum Nennwert, ein noch nicht realisierter Zinsgewinn der Zukunft ausgewiesen wird.[2]

Dazu bestimmt § 12 Abs. 3 BewG:

„Der Wert unverzinslicher Forderungen oder Schulden, deren Laufzeit mehr als ein Jahr beträgt und die zu einem bestimmten Zeitpunkt fällig sind, ist der Betrag, der vom Nennwert nach Abzug von Zwischenzinsen unter Berücksichtigung von Zinseszinsen verbleibt. Dabei ist von einem Zinssatz von 5,5 vom Hundert auszugehen."

Der Abdiskontierungsbetrag als Erlösschmälerung wird als Zinsdifferenz erfasst und in den Folgejahren ausgeglichen. Es handelt sich nicht um Entgeltminderung, so dass keine Korrektur der Umsatzsteuer nach § 17 UStG erforderlich ist.[3]

Neben der Werthaltigkeit von Forderungen unter bewertungsrechtlichen Aspekten muss diese unter dem Gesichtspunkt des Risikos beim Kreditnehmer betrachtet werden. Ist dieses Risiko beim Kreditnehmer bestimmbar, so kann es in allgemeines und spezielles Forderungsrisiko unterteilt werden.[4]

Das allgemeine Kreditrisiko beim Kreditnehmer wird durch Umstände bestimmt, die nicht immer vorhersehbar sind. Diese können branchenabhängig sein. Die Bonitätsrisiken entstehen, wenn Umsätze ausgeweitet, neue Kunden gewonnen und neue Geschäftsfelder erschlossen werden. Sie können durch ein Abschwächen der Konjunktur verstärkt werden. Durch nicht vorhersehbare Er-

---

[1] Freidank, Carl-Christian: Der Ansatz von Forderungen und Verbindlichkeiten zum Barwert in der Handels- und Steuerbilanz, in: Wirtschaftswissenschaftliches Studium, Jg. 24, 1995, Nr. 10, S. 494.

[2] Vgl. Ebenda S. 494.

[3] Vgl. Ebenda S. 494 f.

[4] Vgl. Quick, Reiner: Risikoerfassung und Risikobewertung bei Forderungen, in: Betrieb und Wirtschaft, Jg. 51, 1997, Heft 12, S. 441.

eignisse, z.B. Elementarereignisse, kann ein Schuldner mit bisher guter Bonität in erhebliche Schwierigkeiten geraten.

Die individuelle Kreditgewährung bei einzelnen Forderungen oder gegenüber bestimmten Schuldnern kann als spezielles Forderungsrisiko bezeichnet werden. Alle in diesem Zusammenhang von Schuldnern gezeigten Aktivitäten beeinflussen dieses Risiko. Hier ist die Einhaltung der Zahlungstermine ebenso zu nennen, wie der Erfüllung der jeweiligen Konditionen im Einzelfall. Änderungen von Rechnungen, nicht vereinbarter Skontoabzug und unbegründete, nicht erklärte Verzögerung nach Fälligkeitstermin, z.B. durch Nachschieben von Reklamationen, vergrößern das Risiko. Hierzu kommt der Zinsverlust und das Einbringungsrisiko überhaupt. Vorgesehene Forderungsverkäufe können Verluste hervorbringen, wenn der Buchwert der Forderungen höher ist als der Verkaufserlös. Um Risiken zu minimieren müssen durch umfassende Informationen rechtzeitig Insolvenzrisiken bei Geschäftspartnern erkannt und Maßnahmen der Gegensteuerung eingeleitet werden. Das kann auch ein frühzeitig eingeleitetes Inkasso sein mit dem die Beitreibung erfolgt oder mit dessen Hilfe Sicherheiten vereinbart werden. Die umfassende Nutzung interner und externer Informationsquellen ist für den Erfolg der Forderungseinbringung wichtig und damit von existenzieller Bedeutung für den Gläubiger.

2.3.4. Bewertung von Forderungen

Die Forderungsbewertung wird unter Beachtung wertmindernder Faktoren durchgeführt. Es werden zwei wesentliche Verfahren voneinander unterschieden: die Einzelwertberichtigung und die Pauschalwertberichtigung. Die Einzelwertberichtigung kommt zur Anwendung, wenn am Bilanzstichtag bei einer Einzelforderung ein Verlust zu erwarten ist. Die Bonität des einzelnen Schuldners und die Werthaltigkeit der Forderung muss im Einzelnen geprüft werden. Es handelt sich somit um ein spezielles Forderungsrisiko. In der Höhe des vermuteten (geschätzten) Ausfalls wird eine entsprechende Abschreibung vorgenommen. Diese erfolgt aus Gründen der Klarheit und Übersichtlichkeit indirekt und bedeutet, dass der Bestand an zweifelhaften Forderungen zum Bilanzstichtag in voller Höhe ausgewiesen wird. Dieser stimmt mit dem rechtlichen Anspruch des Kontos im Hauptbuch und im Kundenkonto überein. Die Wertberichtigung auf Forderungen weist dagegen die Höhe des zu erwartenden Verlustes auf. Die Bilanzklarheit ist realisiert und eine bessere Abstimmung der Salden von Sach- und Kundenkonten ist möglich.

Das allgemeine Ausfallrisiko wird durch die Pauschalwertberichtigung erfasst. Diese Methode kommt in der Regel dann zur Anwendung, wenn durch einen großen Kundenstamm eine Einzelbewertung aller Forderungen zum Bilanzstichtag zu aufwendig ist. Grundlage der Berechnung sind die Forderungsausfälle der letzten Jahre. Ein Prozentsatz der Ausfälle vom Nettowert wird ermittelt und am Bilanzstichtag auf den Bestand der Forderungen (Nettowert) angewendet.

Dieser Prozentsatz muss rechnerisch nachvollziehbar sein. Die Abschreibung selbst wird in der Regel, wie bei der Einzelwertberichtigung, indirekt vorgenommen.

2.4. Finanzsituation im Unternehmen

2.4.1. Kriterien zur Beurteilung der finanziellen Lage des Unternehmens

Insolvenz (lat. = Zahlungsunfähigkeit) bedeutet das Ende eines Unternehmens. Der § 17 Absatz 2 Insolvenzordnung bestimmt: „Der Schuldner ist zahlungsunfähig, wenn er nicht in der Lage ist, die fälligen Zahlungsverpflichtungen zu erfüllen. Zahlungsunfähigkeit ist in der Regel anzunehmen, wenn der Schuldner seine Zahlungen eingestellt hat."

Die drohende Zahlungsunfähigkeit ist im § 18 Absatz 2 der Insolvenzordnung bestimmt: „Der Schuldner droht zahlungsunfähig zu werden, wenn er voraussichtlich nicht in der Lage sein wird, die bestehenden Zahlungspflichten im Zeitpunkt der Fälligkeit zu erfüllen."

Um Insolvenzgefahren rechtzeitig begegnen zu können, muss eine permanente liquiditätsorientierte Kernzahlenanalyse durchgeführt werden. Für eine solche Analyse ist zunächst festzulegen, welche Kennzahlen frühzeitig und zuverlässig Unternehmenskrisen anzeigen. Die Vielzahl möglicher Kennzahlen sollte auf diejenigen beschränkt werden, die eine schnelle und sichere Urteilsbildung erlauben. Im Vergleich mit festgelegten Kriterien können die Kennzahlen ihren Aussagewert noch erhöhen. Zusätzlich können Betriebs- und Branchenvergleiche durchgeführt werden. Mit der EDV im Rechnungswesen sind derartige Kennzahlenanalysen sehr schnell zu erstellen und branchenspezifisch auszuwerten.

Tabelle 6: Kriterien zur Beurteilung der finanziellen Lage eines Unternehmens

Beurteilungs-kriterium	Formel	Gute Lage	Unsiche-re Lage
Barliquidität	$$\frac{\text{Zahlungsmittelbestand x 100}}{\text{Kurzfristige Verbindlichkeiten}}$$	> 250 %	< 25 %
Liquidität 2. Grades	$$\frac{\text{(Zahlungsmittel + kurzfristige Forderungen + Wertpapiere) x 100}}{\text{Kurzfristige Verbindlichkeiten}}$$	> 100 %	< 100 %
Nettoumlaufver-mögen (working capital)	$$\frac{\text{Umlaufvermögen x 100}}{\text{Kurzfristige Verbindlichkeiten}}$$	> = 100 %	< 100 %
Verschuldungs-grad	$$\frac{\text{Fremdkapital x 100}}{\text{Eigenkapital}}$$	< 100 %	> 100 %
Gesamtkapital-rentabilität	$$\frac{\text{(Gewinn + Fremdkapitalzinsen) x 100}}{\text{Gesamtkapital}}$$	> 10 %	< 5 %
Kapitalumschlag	$$\frac{\text{Umsatz x 100}}{\text{Gesamtkapital}}$$	> 150 %	< 100 %
Dynamischer Verschuldungs-grad (Kredittil-gungsdauer)	$$\frac{\text{Fremdkapital x 100}}{\text{Cash - flow}}$$	< 100 %	> 150 %

Kellner[1] bezeichnet ein positives working capital als Liquiditätsreserve.

„Der Cash-Flow soll den aus der laufenden Umsatztätigkeit resultierenden Finanzmittelüberschuss zeigen, der der Unternehmung für Investitionsaufgaben, Tilgungszahlungen und Gewinnausschüttungen zur Verfügung steht."[2]

Folgendes Schema kann zur Ermittlung benutzt werden:

Jahresüberschuss/-fehlbetrag

+ Zahlungsunwirksame Aufwendungen   (z.B. Abschreibungen, Nettoerhöhungen langfristiger Rückstellungen, Zuweisungen an passiven Rechnungsabgrenzungsposten).

- Zahlungsunwirksame Erträge   (z.B. Zuschreibungen, Auflösung von Rückstellungen, Auflösung passiver Rechnungsabgrenzungsposten)

+ Andere nicht zahlungswirksame

- Erträge und Aufwendungen von
   wesentlicher Bedeutung

= Jahres – Cash – Flow

Bei der Beurteilung der Unternehmenssituation muss folgendes beachtet werden:

„Liegt die Gesamtkapitalrentabilität unter dem Fremdkapitalzins, ist sie aber noch positiv, so fällt die Eigenkapitalrentabilität mit wachsender Verschuldung von einem positiven Satz in den negativen Bereich. Ist die Gesamtrentabilität Null oder negativ, so fällt mit wachsender Verschuldung die Eigenkapitalrenta-

---

[1]   Vgl. Kellner, Arend: Finanz- und Rechnungswesen: externes Rechnungswesen, 1. Auflage, Düsseldorf/München 1995, S. 212 ff.

[2]   Wöhe, Günther: Einführung in die Allgemeine Betriebswirtschaftslehre, 17. überarbeitete und erweiterte Auflage, München 1990, S. 1034.

bilität in den negativen Bereich. Eine negative Eigenkapital- verzinsung bedeutet, dass das Vermögen (durch Verluste) aufgezehrt wird."[1]

Somit wird das Ende eines Unternehmens eingeleitet, wenn die Gesamtrentabilität unter dem Zinssatz liegt der für Fremdkapital gezahlt werden muss. Auf der anderen Seite muss berücksichtigt werden, dass eine Verzinsung des Gesamtkapitals, die höher ist als der Fremdkapitalzins, zu einer prozentualen Erhöhung der Eigenkapitalrentabilität führt, je kleiner der Anteil des Eigenkapitals am Gesamtkapital ist. Dieses wird auch als „Leverage – Effekt" bezeichnet.

Alle Kennzahlen sollten kritisch betrachtet werden. Ein wirksames Resultat, auch als Entscheidungsgrundlage, kann nur unter Beachtung aller Entwicklungen im Unternehmen erzielt werden. Hauptproblem aller Finanzplanungen ist aber die Sicherung der Liquidität. Sie ist die Grundlage für Investitionen und dient somit der Verbesserung der Rentabilität im Unternehmen. Eine gute Rentabilität ist aber nicht gleichbedeutend mit Liquidität, weil Gewinn nicht mit Liquidität identisch ist.

2.4.2. Erkennen eigener Insolvenz

Neben den Forderungsausfällen führt eine schwache Eigenkapitalausstattung, die geringste Forderungsverluste nicht ausgleichen kann, sehr schnell zur Insolvenz. Fremdkapital im Unternehmen verursacht nicht nur einen hohen Verschuldungsgrad sondern schafft auch Abhängigkeiten von externen Geldgebern. Die eigene Unternehmensführung kann dadurch in ihren Handlungen beeinflusst werden. Die Gegensteuerung kann nur durch eine exakte Finanzplanung im Unternehmen erfolgen. Wichtigste Führungsaufgabe im Rahmen eines aktiven Finanzmanagements ist die Durchsetzung einer Finanzstrategie des Unternehmens, die Unabhängigkeiten und Sicherheiten schafft.

„Der Zweck der Finanzplanung besteht in einer möglichst frühzeitigen Aufdekkung einer möglichen Illiquidität innerhalb der Planungsperiode und in der vorausschauenden Gestaltung betrieblicher Zahlungsströme."[2]

Die Zahlungsströme sollten möglichst vollständig, in ihrem Betrag genau erfasst und die Zeitpunkte der Zahlungen genau bestimmt werden, da sie die Liquidität

---

[1] Wöhe, Günther: S. 813.
[2] Däumler, Klaus-Dieter: S. 49.

beeinflussen.[1] Auf dieser Grundlage kann die Unternehmensleitung rechtzeitig Maßnahmen zur Gegensteuerung möglicher Liquiditätsengpässe ergreifen.

Die Beurteilung der Kunden, ihrer Zahlweise und der Werthaltigkeit der Forderungen sind Faktoren die Unsicherheiten beinhalten. Sie erschweren die Finanzplanung, weil diese Faktoren einer hohen Dynamik unterliegen und durch unterschiedlichste Beziehungen im wirtschaftlichen Geschehen beeinflusst sind. Das folgende Beispiel einer kurzfristigen Finanzplanung soll die Umsatzrealisierung und somit den Zufluss liquider Mittel in einer Periode zeigen. Ergänzt durch die geplanten kumulierten Auszahlungen der Periode kann rechtzeitig der Kapitalbedarf ermittelt werden, der ggf. mit zusätzlichem Fremdkapital gedeckt werden muss.

Beispiel:

Ein Unternehmen ermittelt den Planumsatz für ein Geschäftsjahr und rechnet mit einem Ausfall von 3%. Die Planumsätze müssen weiterhin den Zahlungsgewohnheiten der Kunden angepasst werden.

Erfahrungsgemäß zahlen 50% der Kunden unter Abzug von 3% Skonto innerhalb von 14 Tagen, 25% zahlen nach 30 Tagen netto, 15% nach 2 Monaten und 7% nach 3 Monaten.

Planumsätze unter Berücksichtigung von Forderungsausfällen:

---

[1]   Vgl. Ebenda S. 49.

Monat	Planumsatz (€)	Planumsatz bei 3 % Ausfall (€)
Januar	200 000	194 000
Februar	300 000	291 000
März	400 000	388 000
April	300 000	291 000
Mai	500 000	485 000
Juni	600 000	582 000
Juli	700 000	679 000
August	650 000	630 500
September	600 000	582 000
Oktober	400 000	388 000
November	300 000	291 000
Dezember	200 000	194 000

Berechnung und Verteilung des Planumsatzes nach Geldeingängen am Beispiel Monat Januar:

Monat	Planumsatz (€)	Erwarteter Zahlungseingang (€)			
		Januar	Februar	März	April
Januar	200 000				
50 % mit 3 % Skonto innerhalb 14 Tagen		97 000			
25 % Zahlung 30 Tage netto			50 000		
15 % Zahlung nach 2 Monaten				30 000	
7 % Zahlung nach 3 Monaten					14 000

Zahlungseingang : 191 000 € (97 000 € + 50 000 € + 30 000 € + 14 000 €)
Differenz   :   9 000 €

Die Differenz resultiert aus 3 % Ausfall in Höhe von 6 000 € und 3 % Skonto (50 % von 200 000 € = 100 000 €, davon 3 % Skonto sind 3 000 €).

Für das geplante Geschäftsjahr kann der Geldeingang (€) wie folgt dargestellt werden:

Monat	Januar	Februar	März	April	Mai	Juni
Januar	97 000	50 000	30 000	14 000		
Februar		145 500	75 000	45 000	21 000	
März			194 000	100 000	60 000	28 000
April				145 000	75 000	45 000
Mai					242 500	125 000
Juni						291 000
Juli						
August						
September						
Oktober						
November						
Dezember						
Summe	97 000	195 500	299 000	304 500	398 500	489 000

Monat	Juli	August	September	Oktober	November	Dezember
Januar						
Februar						
März						
April						
Mai						
Juni	150 000	90 000	42 000			
Juli	339 500	175 000	105 000	49 000		
August		315 250	162 500	97 500	45 500	
September			291 000	150 000	90 000	42 000
Oktober				194 000	100 000	60 000
November					145 500	75 000
Dezember						97 000
Summe	489 500	580 250	600 500	490 500	381 000	274 000

Bei o.g. Darstellung wurde auf Angaben aus dem Vorjahr verzichtet.

Werden im weiteren diesen Einzahlungen die auszahlungswirksamen Kosten gegenübergestellt, kann ein möglicher Kreditbedarf errechnet werden.

Der geplante Zahlungseingang muss monatlich mit dem tatsächlichen Zahlungseingang verglichen werden. Differenzen sollten geklärt und die Ursachen erforscht werden. Hieraus kann auch die Schlussfolgerung abgeleitet werden, ob durch verstärkte Inkassoaktivitäten mögliche Zahlungsdefizite beseitigt werden können und welche Maßnahmen zweckmäßig erscheinen.

Eine konsequente Vorgehensweise kann Illiquidität entgegenwirken und eigener Insolvenz vorbeugen.

2.4.3. Erkennen von Insolvenzrisiken bei Geschäftspartnern

Jedes Unternehmen hat vielfältige Möglichkeiten das Verhalten seiner Kunden im Verlauf der Geschäftsbeziehung zu bewerten. Alle Abteilungen die Kontakt mit den Geschäftspartnern haben, müssen in die Informationsgewinnung einbezogen werden und diese Informationen untereinander austauschen. Besonders Verkauf und Kundendienst können wertvolle Informationen liefern. Das Rechnungswesen dokumentiert das Zahlungsverhalten der Geschäftspartner. Eine Änderung ist ein leicht auszumachendes Anzeichen für eine sich wandelnde Zahlungsmoral. Verzichtet der Kunde auf Skontierung, bittet er um Stundung oder Verlängerung der Kreditfrist (Zahlungsziel), sind finanzielle Schwierigkeiten vorhanden. Bevor verstärkt eigene Inkassoaktivitäten eingeleitet werden, sollte ein klärendes Gespräch stattfinden. Den Umständen entsprechend kann den Bitten des Kunden entsprochen werden. Das Kreditlimit ist in jedem Fall zu reduzieren.

Mit dem Angebot von Teilzahlungen will der Kunde einen finanziellen Engpass überwinden. Zur Sicherung der Geschäftsbeziehung kann dem zugestimmt werden. Bis zur vollständigen Bezahlung dürfen, um die eigenen Forderungen zu sichern, weitere Lieferungen nur gegen Vorkasse erfolgen. Das Überschreiten von Zahlungszielen, keine Reaktion auf das Einräumen einer „letzten Zahlungsfrist" und auf Mahnungen oder die Behauptung, Rechnungen oder Mahnungen nicht erhalten zu haben, sollten sofort verstärkte Inkassotätigkeiten auslösen. Es ist bei einem derartigen Verhalten zu überlegen, ob zweckmäßigerweise nicht schon gerichtlich vorgegangen wird, weil eigene Inkassotätigkeiten erfolglos sein können.

Besondere Aufmerksamkeit verdient auch die Zahlungsart des Kunden. Werden Lastschriftermächtigungen zurückgenommen, wird von der Scheck- zur Wechselzahlung übergegangen, der Wechsel prolongiert, dann zielt dieses Verhalten auf eine Verlängerung der Laufzeit. Es sind Liquiditätsschwierigkeiten zu vermuten.[1] Wegen der Wechselstrenge können Wechsel akzeptiert werden. Die Rechtsfolgen bei Protest sind erheblich und bedeuten auch den Verlust der Kreditwürdigkeit. In einer solchen Situation sind eigene Inkassomaßnahmen selten von Erfolg. Gerichtliche Schritte sollten eingeleitet werden. Forderungsabtretungen des Kunden , als Sicherheit für Außenstände, sollten abgelehnt werden.

Es kann nicht oder nur mit erheblichem Aufwand geprüft werden, ob diese bereits abgetreten sind, schon Eigentumsvorbehalte bestehen oder diese Forderungen überhaupt werthaltig sind. In diesem Zusammenhang sollte auch beachtet werden, ob der Kunde die Bank gewechselt hat. In aller Regel sind bei Angeboten der Forderungsabtretungen die Banken nicht länger bereit, Außenstände des Kunden zu kreditieren.

Verstärkte eigene Inkassotätigkeit zur Forderungsbeitreibung sollte durchgeführt werden. Bei der Einzelprüfung sind ggf. gerichtliche Schritte nicht auszuschließen.

Scheck- und Wechselproteste sind ein weiteres Zeichen für Illiquidität. Eine Schadensbegrenzung kann nur durch einen sofortigen Lieferstopp und die Rückforderung der Waren erreicht werden, die unter Eigentumsvorbehalt stehen.

„Bei allen Handlungen des Kunden sollte man bedenken, dass ein schlecht zahlender Kunde noch kein schlechter Kunde sein muss, wohl aber ein plötzlich schlecht zahlender Kunde ein solcher werden kann."[2]

Beim Vorliegen juristischer Tatbestände wie Zwangsversteigerungen, Pfändungen, Haftbefehle oder die schon erfolgte Abgabe der eidesstattlichen Versicherung muss als Zahlungsvereinbarung Vorkasse erfolgen. Inkassomaßnahmen des Unternehmens sind in dieser Situation nur mit sehr großem Aufwand, wenn überhaupt, von Erfolg. Die Kosten dafür sind erheblich.

---

[1] Vgl. Janke, Günter: Insolvenzen: - Warnzeichen – Prophylaxe – Verhinderung -, in: Betrieb und Wirtschaft, Jg. 50, 1996, Heft 6, S. 193.

[2] Janke, Günter: S. 193.

Gerichtliche Mahnverfahren können als Ergebnis einen vollstreckbaren Titel erbringen. Dessen Überwachung bleibt wiederum Aufgabe des Inkassos, eine Aufgabe mit zusätzlichen Kosten.

Zur Kundenbetreuung ist eine Analyse des Zahlungsverhaltens in Form einer Checkliste hilfreich. Anhand dieser Checkliste kann das Zahlungsverhalten der Kunden wiederholt geprüft werden. Die zeitlich unterschiedlichen Analysen ermöglichen es, bestimmte Tendenzen und Entwicklungen zu erkennen. Maßnahmen der Gegensteuerung gegen mögliche negative Folgen für das eigene Unternehmen können rechtzeitig eingeleitet werden.

„Weder kleine noch große Unternehmen werden völlig überraschend von Krisen getroffen, wenn das Management betriebswirtschaftliche Anzeichen und Entwicklungen kontinuierlich beobachtet und analysiert."[1]

Tabelle 7: Analyse des Zahlungsverhaltens des Geschäftspartners[2]

Zahlungsverhalten	Ja	Nein	Keine Information
1. Überschreitet Ihr Geschäftspartner häufig die vereinbarten Zahlungsziele?			
2. Wird der Kreditrahmen ständig und in welcher Höhe ausgeschöpft?			
3. Werden wiederholt Teilzahlungen angeboten?			
4. Werden Anträge auf Ratenzahlungen nach Zielablauf gestellt?			
5. Werden nach Zielablauf Wechsel angeboten?			

---

[1] Ebenda, S. 197.

[2] Vgl. Rödl, Helmut / Weiß, Bernd: Insolvenzen bei Geschäftspartnern frühzeitig erkennen und vermeiden, in: Rationalisierungs – Kuratorium der Deutschen Wirtschaft (RkW) e.V. (Hrsg.): Insolvenzrisiken bei Geschäftspartnern frühzeitig erkennen und vermeiden, 1. Auflage, Eschborn, 1995.

6. Werden Bankverbindungen plötzlich geändert?			
7. Sind Banklastschriften nicht immer Korrekt eingelöst worden?			
8. Gibt es Inkassoverfahren gegen den Geschäftspartner?			
9. Sind Scheck-, Wechselproteste sowie außergerichtliche Vergleichsverfahren durchgeführt worden?			
10. Hat der Geschäftspartner eine Haftanordnung zur Abgabe der eidesstattlichen Versicherung oder hat er diese bereits abgegeben?			

Bei einer großen Anzahl von Antworten mit „Ja" ist eine Kreditvergabe mit einem erheblichen Risiko verbunden. Stehen nur wenige oder „keine Informationen" zur Verfügung, ist die Kreditentscheidung von hoher Unsicherheit gekennzeichnet. Beides erschwert in erheblichem Maß ein erfolgreiches Inkasso. Eine weitere Unterteilung bzw. Differenzierung kann vorgenommen werden.

Veränderungen im Bestellverhalten sind Anzeichen für eine sich ändernde wirtschaftliche Situation beim Geschäftspartner. Das Bestreben der Unternehmen, die Produktion schlank zu machen und von unnötigen Kosten zu befreien, kann zum Übergang zur just in time – Produktion führen. In einem solchen Fall werden häufig kleinere Mengen im Vergleich zu den bisherigen Bestellmengen geordert.

Die Bestellung von Kleinmengen muss also kein Anzeichen dafür sein, dass der Kunde versucht, seine Zahlungsunfähigkeit zu vertuschen und Vorkasse zu umgehen. Ein klärendes Gespräch kann hierbei hilfreich sein.

Gehen sonst regelmäßige Aufträge nur noch sporadisch ein, und sind die Zahlungen schleppend, sollten die Zahlungsbedingungen geändert werden. Ein Inkasso muss eingeleitet werden.

Steigen die Bestellmengen über die sonst üblichen Mengen, können neue Geschäftsbeziehungen die Grundlage für mehr und größere Aufträge sein. Dieses sollte mit Hilfe anderer Informationsquellen, wie Geschäftspartnern oder Wirtschaftsauskunfteien hinterfragt werden. Fehlen diese Anzeichen, könnten andere Lieferanten ihre Lieferungen wegen Zahlungsschwierigkeiten bereits eingestellt haben. Weitere Lieferungen sollten deshalb nur gegen Vorkasse oder ausreichende Sicherheiten erfolgen. Der Kunde kann durch ungerechtfertigte Mängelrügen oder unbegründete Reklamationen Zahlungsverzögerungen erreichen. Meist sind Liquiditätsschwierigkeiten soweit fortgeschritten, dass Gespräche nicht mehr lohnen. Durch schnelle Inkassohandlungen muss versucht werden, die noch bestehenden Außenstände beizutreiben. Bei berechtigten Rückzahlungen hingegen sollte darauf geachtet werden, wohin die Zahlungen gehen. Bittet der Kunde um „Zahlung mit befreiender Wirkung" z.B. an eine Bank, so ist dies oft ein Zeichen dafür, dass die Forderungen an die Bank abgetreten wurden. Zahlungsschwierigkeiten können der Grund dafür sein. Die Informationen aus dem Bestellverhalten des Kunden sind wichtig, um ein erfolgreiches Inkasso durchführen zu können. Der Verkaufsabteilung kommt, als interner Informationsquelle, für die Durchführung des Inkasso eine wichtige Rolle zu. Detaillierte Kenntnisse sind durch den regelmäßigen Kontakt mit den Geschäftspartnern über verschiedene Kommunikationswege zu erhalten. Zur Kundenbeurteilung kann wiederum eine Checkliste hilfreich sein.

Tabelle 8: Analyse des Beschaffungsverhaltens des Geschäftspartners

Beschaffungsverhalten	Ja	Nein	Keine Information
1. Ist der Geschäftspartner von wenigen oder nur einem Lieferanten abhängig?			
2. Haben sich die Zahlungsbedingungen des Geschäftspartners im Einkauf verschlechtert?			
3. Wurden Lieferanten oft gewechselt?			
4. Gibt es häufig Stornierungen?			
5. Wurden unbegründete Reklamationen festgestellt?			
6. Sind plötzlich Bestellmengenänderungen aufgetreten, obwohl sonst nur kleine Mengen bestellt wurden?			
7. Häufen sich negative Meinungen über den Geschäftspartner in der Branche?			

Die Beantwortung der Fragen mehrheitlich mit „Ja" macht die Kreditvergabe risikoreicher. Die Unsicherheit der Kreditentscheidung steigt mit der Abnahme des Informationsvolumens. Unternehmensinternes Inkasso ist oft nur schwer realisierbar.

Weitere Signale und Informationen sind aus dem Bereich Personal erhältlich. Einstellungsstopps, Entlassung von Mitarbeitern oder die vorzeitige Versetzung von Mitarbeitern in den Ruhestand sollten nicht unbeachtet bleiben.

Die Korrespondenz mit dem Geschäftspartner vermittelt erste Eindrücke vom Unternehmen. Bei laufenden Geschäftsbeziehungen ergänzt diese die bisher dargestellten Informationsquellen. Für Außenstehende ist es oft schwer, das Management umfassend zu beurteilen. Die Korrespondenz mit dem Geschäftspartner kann wichtige Informationen liefern und ist deshalb von nicht zu unterschätzender Bedeutung für Entscheidungen im Unternehmen.

Werden Sitzverlegungen in einen anderen Amtsbezirk durchgeführt und die Bank gewechselt, sollen auf diese Weise Bonitätsverbesserungen herbeigeführt werden. Die bisherige Bank ist nicht länger zur Finanzierung bereit. Am alten Geschäftssitz ist durch vergangenes Geschäftsverhalten die Seriosität des Unternehmens nicht mehr einwandfrei.

Ein Wechsel der Rechtsform mit Herabsetzung der Haftungsbeschränkung kann auf finanzielle Schwierigkeiten hinweisen. Durch die Aufnahme neuer Gesellschafter sollen dem Unternehmen ggf. neue Finanzmittel zufließen.

Häufiger Personalwechsel, verbunden mit geänderten Verantwortlichkeiten, kann ein Zeichen für Probleme beim Geschäftspartner sein. Welcher Art diese genau sind, kann nur durch Erschließen weiterer Quellen festgestellt werden, z.B. auch mit Hilfe der Industrie- und Handelskammern.

Die Erfassung der Veränderungen beim Geschäftspartner durch die Korrespondenz ist auch Grundlage für ein erfolgreiches Inkasso. Auf Grund dieser Informationen kann der Schuldner direkt angesprochen werden. Zeit für Informationsbeschaffung geht nicht verloren. Das ist ein Aspekt für eine erfolgreiche Forderungsbeitreibung.

2.4.4. Mahnverfahrenskontrolle

Kunden sollen pünktlich zahlen. Damit ist gewährleistet, dass das eigene Unternehmen ohne Schwierigkeiten fortgeführt werden kann.

Neben der Auswahl solider Kunden, ihrer regelmäßigen Bonitätsprüfung und der Überwachung des Kreditlimits kommt auch die Sicherung von Forderungen und ein gut funktionierendes und konsequentes Mahnwesen hinzu. Sehr oft wird dafür auch der Begriff des Forderungsmanagement verwendet. Darin sollen sich die Tätigkeiten der Festlegung der Kreditkonditionen, die Zahlungsüberwachung und betriebliches Inkasso vereinen. In Anhängigkeit von der Unternehmensgröße und –struktur kann diese Funktion einer Person zugeordnet oder von entsprechenden Abteilungen ausgeführt werden. Die enge Zusammenarbeit mit anderen Bereichen des Rechnungswesens, wie Buchhaltung, Kostenrechnung und Kalkulation, mit dem Vertrieb und ggf. der Rechtsabteilung ist für den Erfolg unerlässlich. Abgestimmte Handlungen gegenüber Geschäftspartnern sind notwendig.

Die Effektivität betrieblicher Inkassoaktivitäten kann durch weitere Kennzahlen überprüft werden:[1]

1. Anteil der Mahnungen

$$= \frac{1. (2. \text{ oder } 3. \text{ Mahnung (in } € \text{ oder Anzahl)} \times 100}{\text{Gesamt-Mahnungen (in } € \text{ oder Anzahl)}}$$

2. Mittlerer Mahnbetrag

$$= \frac{\text{Mahnsumme}}{\text{Anzahl der Mahnungen}}$$

3. Mahnungen in Abhängigkeit von Debitoren

$$= \frac{\text{Mahnsumme (oder Anzahl der Mahnungen)}}{\text{Debitorensumme oder Anzahl der Debitoren}}$$

Betriebliches Inkasso ist dann erfolgreich, wenn auf der Grundlage permanenter Kontrollen und Analysen diejenigen Inkassomethoden eingesetzt werden, die zum jeweiligen Zeitpunkt die besten Aussichten auf Erfolg haben.

---

[1]   Vgl. Radke, Magnus: S. 87.

Als Erfolg für betriebliches Inkasso kann auch verstanden werden, Teilzahlungen zu erreichen, Schuldanerkenntnisse zu erlangen, Vergleiche zu schließen und das vorgerichtliche Mahnverfahren rechtzeitig in das gerichtliche Mahnverfahren zu überführen.

3. Inkasso als betriebliche Funktion

3.1. Inkasso als vorgerichtliches Mahnverfahren

Der Beginn des vorgerichtlichen Mahnverfahrens soll den in Verzug geratenen Schuldner zur Zahlung veranlassen. Eine Mahnung ist dabei nicht an eine besondere Form gebunden. Die Einleitung des Verfahrens lässt bereits darauf schließen, dass der Schuldner Zahlungsschwierigkeiten hat. Der redliche Schuldner wird entweder die Forderung kommentarlos begleichen oder im Kontakt mit dem Gläubiger Zahlungsmodalitäten vereinbaren. Einreden, Mängelrügen, Beschimpfungen oder Abbruch der Beziehungen sind ebenfalls möglich.

Möglichkeiten der Verständigung mit dem Schuldner bestehen durch einen außergerichtlichen Vergleich, die Stundung, die Ratenzahlungsvereinbarung, die Sicherung einer Restforderung oder einem Schuldanerkenntnis. Der Gläubiger sollte, um nicht unnötig leer auszugehen, einen außergerichtlichen Vergleich anbieten bzw. annehmen, wenn dieser einen akzeptablen Erfolg verspricht. Nachteilig ist der entstehende Verlust. Gegenüber einer möglicherweise erfolglosen gerichtlichen Vollstreckung und der Entstehung weiterer Kosten kann ein Vergleich lohnenswert sein.

Eine weitere Möglichkeit ist die Stundung. Diese kann gewährt werden wenn ersichtlich ist, dass der Schuldner in absehbarer Zeit zahlungsfähig sein wird. Die Nachteile liegen darin, dass die Fälligkeit hinausgeschoben wird und damit keine Verzinsung verlangt werden kann. Außerdem ist zu beachten, dass die Verjährung nur gehemmt, nicht aber unterbrochen wird. Der Gläubiger kann die Stundung aber widerrufen, wenn durch ausreichende und sichere Informationen ersichtlich ist, dass sich die Vermögensverhältnisse des Schuldners wesentlich verschlechtern. Die Verjährung läuft weiter.

In Absprache mit dem Schuldner wird häufig eine Ratenzahlungsvereinbarung getroffen, wenn der Schuldner nicht in der Lage ist, den Gesamtbetrag durch eine Einmalzahlung zu erbringen. Die Zahlungsüberwachung sollte konsequent erfolgen. Um die Ratenzahlung zu sichern, sollte der Schuldner an eine Verfallklausel gebunden werden. Bei Verzug einer Teilzahlung soll die Ratenzahlungsvereinbarung erlöschen und die restliche Forderung fällig sein.[1]

Zusätzlich können Sicherheiten vereinbart werden. Diese können durch die Abtretung von Lohn- und Gehaltsansprüchen sowie Steuerrückerstattungen und durch Sicherungsübereignung realisiert werden. Als häufigste Form ist die Sicherungsübereignung von Vermögensgegenständen anzutreffen. Nachteilig ist hier die Bestimmung der Werthaltigkeit. Oft wird kaum noch der Buchwert als Reinerlös bei der Verwertung des Sicherungsgutes erzielt.

Als eine weitere Alternative steht die Schuldanerkenntniserklärung zur Verfügung. Der Vorteil eines vom Notar beurkundeten Schuldanerkenntnisses besteht in der Hemmung der Verjährung und der sofortigen Zwangsvollstreckung aus dieser Urkunde. Die Möglichkeit des Schuldanerkenntnisses ist weniger zeitaufwendig und kostengünstiger als die Erwirkung eines vollstreckbaren Titels über den Mahn- und Vollstreckungsbescheid.[1]

3.1.1. Mahnstufen

Die Anzahl der Mahnungen wird in Abhängigkeit von der Branche und der Schuldnerstruktur in den Unternehmen festgelegt. In der Praxis wird oft dreimal gemahnt. Mehrere Mahnstufen sind möglich. Eine gesetzliche Grundlage gibt es dafür nicht. Das Gesetz zu Beschleunigung fälliger Zahlungen schließt diese Mahnungen aus, da der Schuldner eine Geldforderung 30 Tage nach Fälligkeit und Zugang von Rechnung oder Zahlungsauftrag in Verzug ist. Im Interesse der Kundenpflege wird an bestimmten Mahnstufen festgehalten. In der Regel soll für maximal drei Mahnaktionen folgender Zeitablauf gesetzt sein:

1. Mahnung / Kontoauszug:	7 Tage nach Fälligkeit mit Frist: 10 Tage (Datum setzen)
2. Mahnung:	Frist 7 Tage
3. Mahnung:	Frist 5 Tage

---

[1] Vgl. Dietrich, Bernhard R.: Inkassounternehmungen, Diss., in: Wirtschafts- und Sozialwissenschaften, Band 15, Neuried 1986, S. 91.

Weitere Möglichkeiten sind durch einen 10-Tage-Rhythmus nach Fälligkeit gegeben. Es ist jedoch darauf hinzuweisen, dass die 3. Mahnung dann am 60. Tag, also 30 Tage nach Fälligkeit und 60 Tage nach Rechnungsausstellung, erhoben wird. Die Risiken des Forderungsausfalls steigen je länger die Mahnfristen sind. Die Effektivität der schriftlichen Mahnungen kann gesteigert werden, wenn zwischen den schriftlichen Aktionen telefonische Mahnungen erfolgen. Bleiben alle eigenen Versuche erfolglos, sollten unverzüglich andere Inkassohelfer eingeschaltet oder das gerichtliche Mahnverfahren eingeleitet werden.

3.1.2. Bearbeitungsstufen des Inkassos

Das betriebliche Mahnwesen beinhaltet nicht nur die Aktivitäten, die vor der Überleitung in das gerichtliche Mahnverfahren stattfinden. Nach dem Titulierungsverfahren sind viele nachgerichtliche Tätigkeiten erforderlich, die der Inkassotätigkeit im Unternehmen zugeordnet werden können.

Die folgende Tabelle soll diese Problematik schematisch darstellen.

Tabelle 9: Bearbeitungsstufen des Inkassos

1. Stufe	2. Stufe	3. Stufe	4. Stufe
vorgerichtliches Mahnverfahren	**Titulierungsverfahren**	**nachgerichtliches Beitreibungsverfahren**	**Überwachungsverfahren**
-Mahnansprachen -Klärungen -Prüfen von Realisierungsmöglichkeiten -Adressermittlungen -Abschluss und Überwachung von Ratenzahlungsvereinbarungen	-Beauftragung von Anwälten incl. Korrespondenz -anwaltliche Durchführung von Gerichtsverfahren -Mahnansprachen -Betreiben der Zwangs-Vollstreckung -Verauslagung von Anwalts-,Gerichts-und Zwangsvollstreckungskosten	- Mahnansprachen - Adressermittlungen - Arbeitgeberermittlungen - Abschluss und Überwachung von Ratenzahlungsvereinbarungen - Durchführung von Zwangsvollstreckungsverf.	-Zahlungserinnerungen -Adressüberprüfungen ggf. -ermittlungen -Prüfen der Vermögensverhältnisse

---

[1]   Vgl. Dietrich, Bernhard R.: S. 91.

Quelle: Ohle, Carsten D.: Das deutsche Inkassogewerbe in Vergangenheit, Gegenwart und Zukunft, in: Seitz, Walter (Hrsg): Das Inkasso – Handbuch, Recht und Praxis der Inkassounternehmen, 2. Auflage, Stuttgart 1985, S. 24.

3.1.3. Organisation des Mahnwesens

In Abhängigkeit von der Größe und der Struktur des Unternehmens ist auch das Mahnwesen organisiert.

Große Unternehmen unterhalten oft eine eigene Rechtsabteilung, in die auch das Mahnwesen integriert ist. Die Rechtsabteilung wird als eigenständige Kostenstelle geführt und häufig von einem Justitiar geleitet. Mahnabteilungen im Unternehmen werden oft als Teilbereich dem Rechnungswesen zugeordnet. In beiden Fällen ist mit nicht unerheblichen Kosten, vor allem Personalkosten, zu rechnen, den der Unterhalt solcher Abteilungen erfordert. Nicht selten wird auch auf eine Kosten – Nutzen – Analyse verzichtet, weil die Ergebnisse von externen Einflüssen abhängig sind. Die Aktivitäten der Mitarbeiter zur Erzielung eines bestimmten Ergebnisses sind oft langwierig und können mit hohen Kosten verbunden sein.

Kleine Unternehmen ordnen das Mahnwesen der Buchhaltung zu. Ein oder wenige Mitarbeiter werden mit dieser Aufgabe betraut oder führen sie neben anderen Aufgaben aus. In einer solchen Situation sind die Erfolgsaussichten eher gering, weil das Mahnen oft als notwendiges Übel empfunden wird. Es ist eine Zusatzaufgabe, die nicht dem eigentlichen Zweck des Unternehmens entspricht, weil sie nicht zur Erzielung von Umsätzen beiträgt.

Die personelle Ausstattung für diese Aufgabe ist besonders wichtig. Das Mahnwesen berührt den besonders sensiblen Bereich des Unternehmens, die Kundenbeziehungen. Fehler können diese erheblich beeinträchtigen, den Forderungseinzug nachteilig beeinflussen und zusätzliche Kosten verursachen.

Bei der Überleitung in das gerichtliche Mahnverfahren können Fehler das gerichtliche Verfahren verzögern. Außerdem können Kosten für den Einsatz eigenen Personals nicht als Verzugsschaden geltend gemacht werden. Qualifiziertes Personal ist für diese Aufgabe dringend erforderlich.

Die eigene Bearbeitung der Mahnsachen erfordert eine materielle Ausstattung. Ein modernes EDV – Buchhaltungsprogramm ist dafür gut geeignet. Der aktuelle Stand laufender Buchungen ermöglicht die Arbeit mit einer aktuellen Debitoren- oder Offene Posten – Liste. Außerdem sind wesentliche Angaben über den Schuldner, wie Name, Anschrift, mögliche Kommunikationsmenge, Bezeichnung der Rechnungen und geschuldete Beträge sowie bereits erfolgte Zahlungen enthalten. Mahnschreiben sind formuliert und werden nach einem voreingestellten Zeitraum nach Fälligkeit automatisch ausgedruckt. Weitere Mahnungen folgen, wenn gewünscht, auch in einer Fremdsprache.

Weitere unentbehrliche Hilfsmittel sind die Kundenkartei, das Inkassoblatt und das Reklamationsblatt. In der Kundenkartei werden alle Informationen über Transaktionen mit dem Kunden und die Namen wichtiger Führungskräfte hinterlegt.

So sind aktive Geschäftsphasen genauso dokumentiert wie Passivphasen, Phasen pünktlicher Zahlungen und ggf. Inkassoaktivitäten.

Die Kundenkartei lässt Rückschlüsse aus bestimmten Verhaltensweisen ableiten und ist auch bei erneuter Akquisition wichtig.

Die Inkassoliste dient dem Nachweis der Aktivitäten der Mitarbeiter und der Effektivität des betrieblichen Mahnwesens. Mit ihrer Hilfe lassen sich die Verhaltensweisen des Schuldners erkennen und Schlussfolgerungen für eigene Aktivitäten und die Auseinandersetzung mit den Einwänden des Schuldners ableiten. Sie ist somit Grundlage für Entscheidungen über das weitere Vorgehen gegen einen Schuldner und die rechtzeitige Übergabe an externe Inkassohilfen. Ein Inkassoprogramm kann hierbei genauso unterstützen wie eine Tabelle im EDV – Programm oder ein handschriftliches Exemplar des Inkassoblattes. Dieses kann beispielsweise folgende Form haben:

Inkassoblatt:	Kunde:	Rechnung:	Forderung:	
Aktivitäten :	Sachbearbeiter:	Name:		
Datum	Ziel	Wie	Wer / Ansprechpartner	Ergebnis

Beispiel:
Die Forderungen gegenüber Kunden *K* betragen € 1000,-. Die Fälligkeit war am
Tag X des Monats und ist um 7 Tage überschritten.

X + 7	Erinnerung	schriftlich	an Geschäftsführer	Absendung am...
X + 9	Nachfassen	telefonisch	Geschäftsführer Ursachen für Zahlungsverzögerungen	Einwandbehandlung Zahlungsversprechen X + 15

In der Phase des betrieblichen Inkasso wird der Sachbearbeiter ggf. mit einer
Vielzahl von Einwänden konfrontiert. Viele dieser Einwände sind in der Regel
haltlos. Sie dienen dazu, eigene Schwierigkeiten zu überdecken.

Es kann aber nicht ausgeschlossen werden, dass beim Inkasso auch berechtigte
Reklamationen genannt werden.

Diese müssen gesondert auf dem Reklamationsblatt erfasst werden und dem zuständigen Mitarbeiter im Unternehmen zugeleitet werden. Der Aufbau kann
ähnlich dem bereits dargestellten Formblatt erfolgen.

Eine ausreichende materielle Ausstattung und geschultes Personal bilden die
Grundlage für ein erfolgreiches betriebliches Inkasso.

3.2. Inkassomethoden

3.2.1. Schriftliche Mahnung

Das Mahnschreiben ist in fast allen Unternehmen immer noch die gebräuchlich-
ste Form, einen Schuldner zur Zahlung aufzufordern. Zum Inhalt gehört zunächst die Bezeichnung und die Höhe der Forderung. Verzugszinsen und Mahngebühren werden gesondert aufgeführt. Der Vorteil der schriftlichen Mahnung
besteht darin, dass jeder Gläubiger in der Lage ist, ein Mahnschreiben zu verfas-
sen und abzusenden. Der Schuldner wird persönlich angesprochen. Mit Hilfe der
schriftlichen Mahnung und dem Nachweis darüber sind auch die Mahnkosten zu
bestimmen. Das Mahnschreiben kann ein computererstellter Formbrief oder ein
auf den Schuldner individuell zugeschnittenes Anschreiben sein. Das individu-

elle Anschreiben kann dabei erfolgreicher sein. Der Formbrief erweckt beim Schuldner oft den Eindruck, dass es sich hierbei um ein nicht sehr ernst zu nehmendes Routineschreiben handelt. Der Aufwand für ein individuelles Anschreiben ist durchaus höher, aber mit Hilfe diverser Textbausteine eines Computerprogramms können auch so geschickt individuelle Schreiben erstellt werden.

Formbrief und individuelle Schreiben können kombiniert innerhalb der Mahnstufen zur Anwendung kommen. Beginnend mit der nochmaligen Übersendung einer Rechnungskopie oder eines Kontoauszugs kann in einem folgenden Schritt zunächst der Mahnbrief folgen.

Der Kontoauszug hat sich zur Erinnerung als zweckmäßig erwiesen. Er listet alle noch ausstehenden Rechnungen auf. Dabei werden auch die Rechnungen erfasst, die noch nicht fällig sind. Der Kontoauszug an sich ist noch keine Mahnung sondern eine Übersicht der offenen Rechnungen. Er kann aber einige Kunden dazu bewegen, die offenen und möglicherweise auch die noch nicht sofort fälligen Rechnungen zu begleichen. Eine solche Form der Erinnerung kann monatlich geschehen. Der Ausdruck des Kontoauszugs sollte dabei nicht unbedingt auf blankem Computerpapier erfolgen. Das Buchhaltungsprogramm ermöglicht es, diesen auf einen Briefkopfbogen der Firma zu drucken. Zu dieser Form gehört auch eine Begrüßung oder Anrede. Der Auszug sollte nicht einfach an die Firma geschickt und mit der allgemeinen und unpersönlichen Anrede „Sehr geehrte Damen und Herren" versehen werden.

Damen und Herren gibt es im Unternehmen genügend, und es ist zweifelhaft, ob sich so jemand verantwortlich angesprochen fühlt. Eine moderne Begrüßung kann z.B. auch „Guten Morgen, Frau/Herr..." oder „Guten Tag, Frau/Herr..." sein.

Der Kontoauszug hat auch ohne die offizielle Bezeichnung 'Mahnung' eine Mahnwirkung. Diese muss aber unbedingt mit der Aufforderung verbunden werden, die Aufstellung und bereits getätigte Zahlungen zu prüfen. Für weitere klärende Gespräche sollte ein Kommunikationsweg, z.B. Telefonnummer und Ansprechpartner, genannt werden, wenn dieses nicht bereits auf dem Briefkopfbogen vermerkt ist. Die Vollständigkeit des Schreibens verlangt die persönliche Unterschrift.

Der Schuldner der nicht reagiert sollte nach einem kurzen Zeitabstand ein Mahnschreiben erhalten. Die bereits genannten Formerfordernisse sollten auch hier angewendet werden. Das Mahnschreiben muss die genaue Sache bezeichnen, Rechnungsnummer, Betrag, Fälligkeit, mit einer Anrede beginnen eine ganz konkrete Handlungsaufforderung festschreiben, einen Kommunikationsweg nennen, eine Grußformel enthalten und unterschrieben sein. Dieses Mahnschreiben kann bereits mit dem Titel ´Mahnung` gekennzeichnet und auf einem DIN–A4 Briefkopfbogen der Firma gedruckt sein. Kleinere Papierformate unterstützen die Sparsamkeit, verfehlen aber die Wirkung.

Beispiel:

Anschrift der Fa.

                                          Datum

Rechnungs- Nr.: ...   vom ...
Fälliger Betrag : ...

Guten Tag, Frau/Herr ...,
die oben genannte Rechnung ist fällig. Bitte überweisen Sie den Betrag bis zum ... (Datum). Benutzen Sie dazu auch bitte das beigefügte Überweisungsformular. Für Fragen steht Ihnen Frau/Herr ... unter der Telefonnummer ... Vorwahl/Rufnummer zur Verfügung.
Herzlichen Dank.

Grußformel

Unterschrift

Zur Unterstützung ist diesem Schreiben ein ausgefülltes Überweisungsformular beizufügen.

Der redliche Schuldner wird auf dieses Schreiben entweder mit Zahlung oder mit Kontaktaufnahme zum Gläubiger reagieren.

Der Schuldner der jetzt nicht reagiert, wird weitere Schreiben erhalten, deren Formulierungen an Schärfe zunehmen. Die verschärfte Wirkung kann schon dadurch erreicht werden, dass der Titel ´2. Mahnung` angewendet wird. Die Konsequenz der Mahnreihe führt beim Schuldner dazu, dass der aktivste Gläubiger auf der Liste der Zahlungsempfänger weit oben steht. Die allgemein üblichen drei Mahnungen sind nicht zwingend vorgeschrieben.

Zahlt der Schuldner nicht, werden mit ´Letzte Mahnung` weitere Schritte mit Hilfe außerbetrieblicher Inkassohelfer angedroht. Das kann die Übergabe an ein Inkassounternehmen oder die Einleitung eines gerichtlichen Mahnverfahrens sein.

Beispiel:

Anschrift der Fa.

Datum

Letzte Mahnung

Rechnungs- Nr.:   vom:
Fälliger Betrag :

Sehr geehrte(r) Frau/Herr ...,

trotz ...facher Mahnung und mehreren Anrufen ist die o.g. Rechnung noch nicht bezahlt. Bitte begleichen Sie diese innerhalb von ... Tagen bis spätestens ... (Datum). Anderenfalls werden wir umgehend gerichtliche Schritte einleiten. Lassen Sie es nicht dazu kommen – Zahlen Sie noch heute!

Grußformel
Unterschrift

Der Druck auf den Schuldner kann noch erhöht werden. Ein Mahnbescheid kann komplett ausgefüllt und an den Schuldner gefaxt werden. Dieses Fax sollte außerdem den eindeutigen Hinweis beinhalten, dass der Mahnbescheid zu Gericht geht, wenn die Zahlung nicht innerhalb von drei Tagen erfolgt. Der Schriftsatz einer Klage, die der Rechtsanwalt entworfen hat, kann ebenfalls gefaxt werden. Die Aufstellung über die Kosten des Anwalts, die Gerichtskosten und die Verzugszinsen sollte angefügt werden. Um die Glaubwürdigkeit und Ernsthaftigkeit des Mahnens deutlich zu machen, müssen die angedrohten Maßnahmen auch durchgeführt werden.

Jede schriftliche Mahnung kostet Geld und je länger der Mahnprozess dauert, umso größer wird die Gefahr der Uneinbringlichkeit der Forderung. Ein wesentlicher Nachteil ist die einseitige Kommunikation. Für den Schuldner besteht immer die Möglichkeit, die Mahnschreiben zu ignorieren, auch wenn er darin persönlich angesprochen wird.

Der Gläubiger kann nicht bestimmen, in welcher Situation ein Mahnschreiben den Schuldner erreicht und welche Reaktionen diesem folgen werden. Die Mahnschreiben sollten deshalb durch ein persönliches Gespräch, z.B. mittels Telefon, in ihrer Wirkung verstärkt werden. Es sind grundsätzlich solche Methoden abzulehnen, die den Schuldner einschüchtern oder eine Angstsituation erzeugen, mit deren Hilfe die Zahlung erzwungen wird.

3.2.2. Telefoninkasso

Schriftliches Mahnen hat in jedem Unternehmen seinen festen Platz. Telefonisches Mahnen ist aber wirkungsvoller, weil es schneller praktiziert werden kann und zumindest bei Ortsgesprächen kostengünstiger ist. Es ist eine unterstützende Maßnahme, wenn auf Mahnschreiben keine Reaktion erfolgt. Die Praxis zeigt, dass viele Unternehmen erst schriftlich mahnen und dann telefonisch nachfassen. Es geht auch anders: Erst telefonieren und danach einen Schriftsatz folgen lassen, der die mündlichen Abmachungen festhält und vom Schuldner unterschrieben werden muss. Das ist wirkungsvoller, wenn auch zeitaufwendiger und verursacht neben den Telefonkosten weitere Kosten, wie für eine schriftliche Mahnung.

Der Vorteil der telefonischen Mahnung liegt in der direkten persönlichen Ansprache des Schuldners. Diese telefonische Zahlungsaufforderung kann der Schuldner nicht ignorieren und muss in direktem Kontakt Stellung nehmen. Es kann für viele Schuldner mündlich einfacher sein, die Nichtzahlung am Telefon zu erklären, als es auf schriftlichem Wege zu tun.

Als Mahnmethode ist telefonisches Mahnen nach Verzugseintritt durchaus wichtig und wirkungsvoll, auch gegenüber Privatschuldnern. Den Schuldner anzurufen und ihn daran zu erinnern seiner Zahlungspflicht nachzukommen, ist für viele Menschen eine schwierige und zugleich unangenehme Aufgabe.

Das Telefonieren wird dann erfolglos bleiben, wenn der Anrufer unvorbereitet ist und detaillierte Kenntnisse im Einzelfall fehlen. In Vorbereitung eines Gesprächs müssen deshalb alle relevanten Daten zum Sachverhalt und zum Schuldner zusammengetragen werden. Hier hilft die bereits genannte Kundenkartei. Zum einzelnen Sachverhalt sollten dem zuständigen Sachbearbeiter alle Dokumente des Geschäftsvorfalls vorliegen, einschließlich der Absprachen und gewährten Zahlungsziele. Dazu gehört auch die Kenntnis der Allgemeinen Geschäftsbedingungen.

Der direkte Kontakt zum Schuldner ist hergestellt, wenn er sich am Telefon nicht verleugnen lässt. Der visuelle Kontakt fehlt jedoch. Mimik und Gestik als Elemente der Gesprächsgestaltung können von beiden Seiten nicht genutzt werden, weder als Mittel der Gestaltung noch als Mittel der Informationsübermittlung.

Deshalb kommt der Kommunikationsfähigkeit mittels Artikulationselementen eine besondere Bedeutung zu. Diese Elemente müssen die Körpersprache ersetzen. Durch Tonlage, Sprechtempo, Pausen und Betonungen sollen beim Schuldner gewünschte Reaktionen erzeugt werden. Das Anliegen muss mit klarer fester Stimme vorgetragen werden.

Voraussetzung für ein erfolgreiches Mahntelefonat ist die Gliederung der Vorgehensweise. Der Ablauf kann beispielhaft wie folgt strukturiert werden:

- Vorstellung (Name, Vorname, Firma, Funktion im Unternehmen)
- Zuständigkeit klären (Wer erteilt Zahlungsanweisung?)
- Gesprächseinstieg (Positive Atmosphäre schaffen)
- Anrufgrund offen und vorwurfsfrei vortragen
- Aufforderung an den Kunden, seine Gründe für die bisher nicht erfolgte Zahlung zu nennen
- Einwandbehandlung
- Zuhören (Was sagt der Gesprächspartner wirklich?)
- Aggressionsfrei erwidern
- Begründen
- Verhandlung über den Ausgleich der Forderung
- Ergebnis
- Vereinbartes zusammenfassen und sich vom Kunden die Richtigkeit bestätigen lassen
- Freundliche und ruhige Verabschiedung.

Im Gesprächsverlauf soll der Anrufer nicht nur durch eigene Aktivität das Gespräch lenken, er muss auch zuhören können.

Der Schuldner wird gleiche Mittel der Gesprächsgestaltung verwenden. Informationen über die Gefühlslage und die Unternehmenssituation können gewonnen werden. Der Schuldner selbst ist somit eine wichtige Informationsquelle.

Zuhören bedeutet auch Zeit gewinnen, um die Informationen zu bewerten, in die eigene Argumentation einfließen zu lassen und mögliche Einwände des Schuldners überzeugend zu widerlegen. Als besonders schwierig erweist sich die kurze Reaktionszeit auf Argumente des Schuldners. Diese Einwandbehandlung mit eigenen Argumenten entscheidet oft über den Erfolg eines Telefongespräches.

Bei allen Schwierigkeiten darf kein telefonisches Mahngespräch ohne klare Zielsetzung erfolgen. Eine Zielstrukturierung kann hilfreich sein.

Maximalziel: Die gesamte rückständige Forderung wird noch heute überwiesen. (Zahlungsweg und Bankverbindung nennen lassen!)

Zwischenziel: Der größtmögliche Teil - mindestens aber 50 % - des Forderungsrückstandes wird noch in dieser Woche gezahlt. Für den Rest wird ein verbindlicher Zahlungsplan verabredet.

Minimalziel: Der geringst mögliche Teil - mindestens aber 10 % - wird sofort gezahlt.

Rückzugsziel: Für den Rest wird ein neuer kurzfristiger Gesprächstermin fest gelegt, an dem ein verbindlicher Zahlungsplan vereinbart wird.

Das Telefonat soll erst beendet werden, wenn mindestens das Minimal- oder Rückzugsziel erreicht ist. Im Interesse des Unternehmens und zur Motivation des Inkassomitarbeiters sollte wenigstens dieser Teilerfolg erreicht werden.

Der Erfolg hängt im Wesentlichen davon ab, wie die Einwände des Schuldners entkräftet werden können. Diese können sehr vielgestaltig sein. Als Hilfe für den Sachbearbeiter kann eine Einwandkartei erarbeitet werden, die aktuell ergänzt wird. Die Vielzahl möglicher Einwände und Ausreden des Schuldners kann im Detail nicht dargestellt werden. Einige sind im Anhang genannt und mögliche Erwiderungen sind aufgezeigt. Einen Anspruch auf Vollständigkeit erhebt diese Tabelle nicht.

Die Argumente der Einwandbehandlung sollten aber nicht stereotyp, sondern immer im konkreten Bezug am Schuldner angewendet werden.

Weitere Argumente können in das Gespräch eingebracht werden:

- Kundenbeziehungen existieren auf Vertrauensbasis und der Einhaltung
- eingegangener Zahlungsverpflichtungen.
- Zuverlässig und preiswert kann nur sein, wer pünktlich sein Geld erhält.
- Ein schlechter Zahler schadet seinem Ansehen, es schwindet die Kreditwürdigkeit und es entstehen weitere Kosten.
- Weitergabe der Information über das Zahlungsverhalten an Warenkreditversicherer, Schufa, Wirtschaftsauskunfteien.
- Ankündigung gerichtlicher Zwangsmaßnahmen.

So wie in o.g. Aufzählung die Schärfe der Argumentation zunimmt, muss das auch in Sprache und Stimme für den Schuldner erkennbar sein. Das erfordert beim Inkassomitarbeiter ein gesundes Selbstvertrauen.

Ist der Schuldner wenig gesprächsbereit, müssen die Informationen erfragt werden. Der Anrufer muss darauf vorbereitet sein, mit geeigneten Fragen die gewünschten Antworten zu erhalten.

Diese W- oder offenen Fragen beginnen mit dem „W" im Fragewort (Was, Wann, Wo, Wie, Wie viel, Wer, Warum, Worauf, Welche).

Die Alternativfragen sind eine weitere Fragetechnik, die immer nur zwei Antwortmöglichkeiten zulassen.

Beispiel:
„Zahlen Sie heute oder morgen?"
„Zahlen Sie per Überweisung oder mit Scheck?"

Bei den Suggestivfragen ist die Antwort bereits eingebaut.

Beispiel:
„Sie zahlen doch heute?"
„Sollen wir die Angelegenheit unserem Rechtsanwalt übergeben?"

Nicht immer wird die gewünschte Antwort gegeben. Dann ist mit anderen Fragetechniken fortzuführen. Nur in Kombination und der Situation angepasst kann mit entsprechender Fragetechnik ein Erfolg erzielt werden.

Der Schuldner soll veranlasst werden, mit einer Selbstauskunft seine Vermögensverhältnisse offen zu legen. Seine Darlegungen sollten deutlich machen, wie er die vorhandene Zahlungsstockung überwinden will.

Diese Aussagen sind ggf. durch Unterlagen zu belegen. Der Bestand der Forderungen (Debitorenliste), die Auftragslage sowie die aktuelle betriebswirtschaftliche Auswertung können diese Aussagen dokumentieren. Kann und will der Schuldner diese nicht offen legen, besteht für den Gläubiger kein Anlass, auf Angebote des Schuldners einzugehen. Es wäre dann zweckmäßig, die zwangsweise Einziehung der Forderung einzuleiten.[1]

Grundsätzlich ist das Telefoninkasso emotionsfrei zu führen. Es dürfen in dem Gespräch weder Drohungen noch Beschimpfungen erfolgen. Telefoninkasso erfolgreich durchzuführen, verlangt speziell ausgebildete Mitarbeiter mit sehr guter Kommunikationsfähigkeit, sicheren betriebswirtschaftlichen und rechtlichen Kenntnissen. Es sind nicht unerhebliche Personalkosten, wenn spezielle Mitarbeiter nur mit diesen Aufgaben betraut sind. Eine Checkliste zur Mitarbeiterselbstkontrolle des Telefoninkassos befindet sich im Anhang.

3.2.3. Einsatz von Außendienstmitarbeitern

Der Einsatz von Außendienstmitarbeitern wird dann notwendig, wenn schriftliche und telefonische Mahnungen fruchtlos geblieben sind. Der persönliche Besuch eines Außendienstmitarbeiters ist eine weitere Form der Mahnansprache. Er ist eine Steigerung der Mahnaktivitäten des Unternehmens. Der Vorteil des direkten Kontaktes wird durch den Besuch noch verstärkt. Der Mitarbeiter kann sich selbst vor Ort ein Bild von der Persönlichkeit des Schuldners machen. Es wird durch die finanzielle Situation und das soziale Umfeld ergänzt, soweit der persönliche Besuch eine Aussage darüber zulässt. Die psychologische Wirkung ist bei dieser Art der Forderungseinziehung am stärksten, besonders wenn sie wiederholt stattfindet.[2] Nachteilig ist der hohe zeitliche und finanzielle Aufwand dieser Methode. Sie ist die teuerste Mahnmethode und sollte in der Regel dann

---

[1]   Vgl. Mewing, Joachim: Mahnen – Klagen – Vollstrecken, 4. Auflage, München 1994, S. 24 f.

[2]   Vgl. Stahrenberg, Cora: Effektivität des externen Inkasso. Ein Beitrag zur Ausgliederung betrieblicher Funktionen, Diss., in: Betriebswirtschaftliche Forschungsergebnisse, Band 104, Berlin 1995, S. 9 f.

angewendet werden, wenn es sich um hohe Forderungsbeträge handelt, die dringlich sind, z.B. bei drohender Verjährung, es keine andere Möglichkeit gibt, den Schuldner zur Zahlung zu motivieren oder dieser bereits mehrfach Zahlungsversprechen nicht eingehalten hat.[1] In aller Regel wird bei dieser Methode auch Barinkasso durchgeführt. Ist dies nicht möglich, sollten vor Ort vorbereitete Verträge über Ratenzahlungen oder andere Zahlungsvereinbarungen abgeschlossen werden, z.B. Entgegennahme von Schecks.

Der Erfolg hängt einerseits von der Seriosität des Außendienstmitarbeiters andererseits von seinem Verhandlungsgeschick ab. Die Seriosität des Außendienstmitarbeiters kommt in der Beachtung des § 242 BGB zum Ausdruck, der die Rücksicht auf die Verkehrssitte gebietet:

„Der Schuldner ist verpflichtet, die Leistung so zu bewirken, wie Treu und Glauben mit Rücksicht auf die Verkehrssitte es erfordern."

Das gilt auch für Gläubiger. Bei einer Forderung aus dem Handelsgeschäft verlangt § 358 HGB:

„Bei Handelsgeschäften kann die Leistung nur während der gewöhnlichen Geschäftszeit bewirkt und gefordert werden."

Für die Inkassotätigkeit vor Ort muss der Außendienstmitarbeiter besonders geschult werden. Wenn er nicht ausschließlich für Inkasso zum Einsatz kommt, kann eine Interessenkollision mit seiner eigenen Tätigkeit, Umsätze für das Unternehmen zu realisieren, nicht ausgeschlossen werden. In einer solchen Situation muss im Unternehmen darüber nachgedacht werden, wie die Verantwortung des Außendienstmitarbeiters für eine pünktliche Zahlung des Kunden motiviert werden kann, oder welche Maßstäbe bei der Provisionszahlung angelegt werden. Diese nur am Vertragsabschluss und den damit vereinbarten Umsätzen zu orientieren, erscheint als alleinige Form der Leistungshonorierung nicht geeignet. Möglich wäre hier die Bewertung der realisierten Umsätze oder der realisierten Deckungsbeiträge.

Die Schuldnerreaktion vor Ort sollte Grundlage weiterer Entscheidungen sein. Trifft der Mitarbeiter beim Besuch „(...) auf einen hartnäckigen oder böswilligen

---

[1] Vgl. Dietrich, Bernhard R.: S. 85 f.

Schuldner, kann er zumindest die Erfolgsaussichten einer späteren Zwangsvollstreckung (...)"[1] ableiten.

Weitere Inkassoaktivitäten des Unternehmens sind bei einem solchen Schuldner wenig erfolgreich. Die Überleitung in das gerichtliche Mahnverfahren sollte ohne Zeitverzug erfolgen.

3.2.4. Postnachnahme

„Bei der Postnachnahme handelt es sich einerseits um eine schriftliche Zahlungsaufforderung, andererseits wird der Schuldner jedoch durch den Postboten unmittelbar mit der Mahnung konfrontiert."[2]

Bei Einlösung der Nachnahme wird dieser Betrag der Forderung gutgeschrieben. In viele Fällen entspricht der Nachnahmewert nur einem Teilbetrag der Forderung. Der Schuldner kann die Nachnahme ignorieren. Der Gläubiger erhält darüber eine Information von der Post. Die entstandenen Nachnahmegebühren werden dann dem Konto des Schuldners belastet.

Auch die Postnachnahme hat ihren Platz im betrieblichen Mahnwesen. Stahrenberg kommt zu dem Ergebnis: „In der Intensität der Schuldneransprache kann die Postnachnahme daher zwischen der schriftlichen und der persönlichen Mahnung durch einen Außendienstmitarbeiter eingestuft werden."[3]

3.3. Methodenwahl nach der Zweckmäßigkeit

Die Anzahl der Methoden für das betriebliche Mahnwesen ist begrenzt. Werden diese jedoch kombiniert, lassen sich weitere Gestaltungsmöglichkeiten ableiten. Jede Methode für sich darf also nicht als isoliert angewendete Inkassomethode betrachtet werden. Starenberg kommt folgerichtig zu dem Schluss:

„Die Aufgabe der mit der Inkassofunktion betrauten Instanz besteht daher neben der eigentlichen Durchführung des Inkasso auch in der Auswahl und Gestaltung der Methoden sowie gegebenenfalls der Konzipierung eines Methoden-Mix."[4]

---

[1]   Dietrich, Bernhard R.: S. 86.
[2]   Stahrenberg, Cora: S. 11.
[3]   Ebenda, S. 11.
[4]   Stahrenberg, Cora: S. 11.

68

Für die hohe Wirksamkeit des Methoden-Mix ist die Beachtung weiterer Faktoren entscheidend. Die Dauer der Kundenbeziehung, die räumliche Entfernung, die Kundenstruktur, die Information über den Schuldner und die betriebliche Organisation des Mahnwesens beeinflussen den Erfolg der Inkassounternehmungen. Die Auswahl der Methoden unter Beachtung der genannten Faktoren gestaltet das Inkasso flexibel und vielfältig. Umfassende Informationen sind die Grundlage für den Erfolg betrieblicher Inkassoaktivitäten.

3.4. Instrumente zur Beschleunigung von Zahlungen

Um die Zahlungsmoral ist es nicht gut bestellt. Die Zahlungsverzögerungen müssen durch geeignete Maßnahmen verringert werden. Den Kunden soll einerseits der Anreiz gegeben werden durch schnelles Zahlen Kosten zu sparen oder andererseits den Aufwand für den Prozess des Zahlungsausgleichs zu verringern. Die Verwendung eines vorbereiteten Überweisungsträgers verringert den Aufwand beim Kunden erheblich. Der Vorteil beim Gläubiger besteht in einer korrekten Zuordnung und schnellen Verbuchung der eingehenden Zahlungen. Der vorgedruckte Überweisungsträger sollte deshalb folgende Angaben enthalten:

- Zahlungsempfänger
- Kontonummer, Bankleitzahl und Hausbank des Empfängers
- Rechnungsbetrag
- Rechnungsnummer
- Rechnungsdatum
- Kundennummer

Die Verwendung von Überweisungsträgern ist sowohl für Firmen als auch für Privatkunden vorteilhaft.

Eine weitere Möglichkeit zur Zahlungsbeschleunigung besteht für Gläubiger darin, die Kunden für das Lastschriftverfahren zu gewinnen. Zwei Möglichkeiten werden unterschieden:

1. Einzugsermächtigung
2. Abbuchungsauftrag

Mit einer Einzugsermächtigung wird der Zahlungsempfänger durch den Zahlungspflichtigen ermächtigt, den Rechnungsbetrag vom Konto einzuziehen.

Bei Vorlage eines Lastschriftbelegs wird die Bank eine entsprechende Gutschrift vollziehen. Eine Überprüfung durch die Bank unterbleibt, wenn der Zahlungsempfänger auf das Vorliegen einer Zahlungsermächtigung hinweist. Mangels ausreichender Deckung kann die Bank des Zahlungspflichtigen den Lastschriftbeleg an den Zahlungsempfänger zurücksenden. Gebühren werden dafür berechnet, Kosten entstehen für den Gläubiger. Außerdem hat der Zahlungspflichtige eine Widerspruchsfrist von sechs Wochen. Unsicherheiten für den Zahlungsempfänger entstehen.

Mit einem Abbuchungsauftrag erteilt der Zahlungspflichtige seiner Bank einen widerruflichen Auftrag zugunsten eines Gläubigers Zahlungen zu vollziehen. Bei Fälligkeit der Rechnung kann der Gläubiger den Rechnungsbetrag zur Gutschrift einreichen. Der Schuldner hat keine Möglichkeit zum Widerruf, wenn das Konto ausreichende Deckung hat und die Gutschrift beim Gläubiger erfolgt ist. Die Gutschrift beim Gläubiger gibt die Sicherheit, dass das Geld beim Zahlungsempfänger verbleibt.

Die gleiche Sicherheit wird bei Nachnahmesendungen erreicht. Der Zahlungspflichtige vollzieht den Zahlungsausgleich bei Empfang der Lieferung durch die Post, durch Zahlung des Rechnungsbetrages. Die Kosten dafür trägt der Gläubiger. Nachnahmesendungen eignen sich besonders für Privatkunden und bei Lieferungen mit nicht sehr hohen Rechnungsbeträgen.

In der Praxis ist Skonto als Zielgewährung unter Kaufleuten sehr verbreitet. Skonto ist ein prozentualer Preisnachlass für die vorzeitige Zahlung eines Rechnungsbetrages. Die Gewährung von Skonto muss eindeutig vereinbart werden.

Beispiel:
„Zahlbar innerhalb von 10 Tagen abzüglich 2 % Skonto oder innerhalb 14 Tagen netto."

Es kann nicht ausgeschlossen werden, dass Schuldner trotz Erreichen des Nettozahlungsziels oder sogar bei Zielüberschreitungen Skonto abziehen. Das gewährte Skonto oder auch die Skontostaffel sollte besser mit genauem Datum vereinbart werden.

Beispiel:
„Zahlbar innerhalb von 30 Tagen netto ab Rechnungsdatum.
Bei Zahlung bis ... (konkretes Datum) ... 3 % Skonto.
Bei Zahlung bis ... (konkretes Datum) ... 2 % Skonto."

Detaillierter ist eine solche Vereinbarung, wenn der jeweilige Abzugsbetrag und der somit zu zahlende Rechnungsbetrag konkret benannt werden. Diese Verfahrensweise ist aufwendiger, verhindert aber Unstimmigkeiten und Ungenauigkeiten.

„Zieht der Schuldner unberechtigt Skonto ab, so darf eine solche Handhabung seitens des Gläubigers nicht hingenommen werden. Auch wenn es sich in der Regel um geringe Beträge handelt, so können diese sich bei den einzelnen Schuldnern und einer Vielzahl von Rechnungen zu einem nennenswerten Betrag summieren. Selbst wenn der Gläubiger es für unwirtschaftlich erachtet, sollte er dennoch den zu Unrecht gekürzten Betrag nachfordern.

Verzichtet der Gläubiger auf eine Weiterverfolgung des Anspruchs, so darf es ihn nicht überraschen, wenn er mit seiner Skontoabrede das Gegenteil von dem erreicht, was er wollte. Anstatt eines vorzeitigen Geldeingangs ist ein später reduzierter Geldeingang zu verzeichnen. Ein Schuldner, dem dies einmal widerspruchslos gelungen ist, wird auch in Zukunft seine Rechnungen auf diese Art begleichen."[1]

Es kann beim Schuldner sehr leicht der Eindruck entstehen, dass der Gläubiger es mit dem Skonto und der notwendigen Überwachung der Zahlungseingänge nicht sehr genau nimmt. Pünktliches Zahlen wäre dann nicht so wichtig.

Als Anreiz für schnelles Zahlen kann auch ein Marketinginstrument, der Bonus angewendet werden. Der Bonus fördert nicht nur Umsatz und Kundenbindung, er kann auch zur Verbesserung der Zahlungsmoral eingesetzt werden. Dieser Umsatz-Zahlungsziel-Bonus (UZB) ist eine Vergütung für die Einhaltung der Zahlungsziele im laufenden Geschäftsjahr. Der aktuelle Bonussatz auf den realisierten Umsatz wird dem Kunden mitgeteilt. Am Jahresende wird der Bonus unter Abzug des Betrages errechnet, der durch Zielüberschreitungen entsteht.

Der Umsatz – Zahlungsziel – Bonus (UZB) errechnet sich wie folgt:

---

[1]   Frormann, Detlef: Forderungsverluste vermeiden, 1. Auflage, Kissing 2000, S. 176 f.

UZB = Umsatz x Bonussatz – Umsatz x Zielabweichungsgrad x Bonussatz

Beispiel:
Ein Unternehmen realisiert mit einem Kunden über mehrere geschäftliche Aktivitäten einen Jahresumsatz von 500 000,- €. Ein Bonussatz von 2 % ist vereinbart. In der Zahlweise des Kunden wurden Zielüberschreitungen für die einzelnen Rechnungen dokumentiert.

Umsätze in €	Zahlungszielüberschreitungen in Tagen
30 000	14
60 000	20
80 000	30
100 000	35
110 000	51
120 000	66
500 000	216

1. Die durchschnittliche Zielabweichung beträgt 36 Tage:
   216 Tage : 6 = 36 Tage

2. Zielabweichungsgrad
   36 Tage : 360 Tage = 0,1

3. UZB $\quad$ = 500 000 € x 2 % - 500 000 € x 0,1 x 2 %
   $\qquad$ = 10 000 € - 500 000 x 0,2 %
   $\qquad$ = 10 000 € - 1 000 €
   $\qquad$ = 9 000 €

Durch sein Zahlungsverhalten hat dieser Kunde 10 % weniger Bonus erhalten als bei Einhaltung der Zahlungsziele.
Der Scheck ist als Zahlungsmittel sehr verbreitet. Dabei ist zu beachten, dass die mit dem Scheck zu tilgende Schuld erst dann beglichen ist, wenn der Scheck durch die bezogene Bank eingelöst wurde. Bis dahin gilt die Forderung als gestundet. Die Hingabe eines Schecks ist somit noch keine Erfüllung. Der Gläubiger muss außerdem die Formerfordernisse des Schecks beachten.

Folgende Bestandteile gehören nach dem Scheckgesetz zur Vollständigkeit:

- die Bezeichnung als „Scheck" im Text der Urkunde,
- die unbedingte Anweisung, eine bestimmte Geldsumme zu zahlen,
- der Namen des Bezogenen (kann nur ein Kreditinstitut sein),
- die Zahlungsart,
- der Ort und das Datum der Ausstellung (Fehlt der Ausstellungsort, so gilt der Scheck als an dem Ort ausgestellt, der bei dem Namen des Ausstellers angegeben ist.),
- die Unterschrift des Ausstellers.

Die Geltendmachung des Anspruchs kann nur erfolgen, wenn der Scheck innerhalb der Vorlagefrist bei der bezogenen Bank eingereicht ist,

Tabelle 10: Vorlagefristen für Schecks (Art. 29 Scheckgesetz)

Ort der Vorlage	Anspruchsgrundlage	Vorlagefrist in Tagen
im Land der Ausstellung	Art. 29 Absatz 1	8
in einem anderen Land, im gleichen Erdteil	Art. 29 Absatz 2	20
in einem anderen Land, in einem anderen Erdteil	Art. 29 Absatz 2	70

In der Praxis wird ein Scheck oft vordatiert mit der Maßgabe, ihn erst zum Zeitpunkt der Vordatierung einzureichen. Die Vorlagefrist beginnt mit dem Ausstellungsdatum, das auf dem Scheck vermerkt ist und nicht mit dem Datum an dem der Gläubiger den Scheck erhält.

Beispiel:
Ein am 01.03. d.J. ausgestellter Scheck erreicht am 10.03. d.J. den Gläubiger. Dieser, einer Bank vorgelegte Scheck, kann nicht mehr Grundlage eines Scheckprozesses sein.

Die Einhaltung der Vorlagefrist ist Grundvoraussetzung für einen möglichen Anspruch in einem Scheckprozess. Ein Scheckprozess ist dann notwendig, wenn die bezogene Bank die Auszahlung verweigert, weil z.B. der Aussteller den

Scheck gesperrt hat oder das Konto nicht die notwendige Deckung aufweist. Der Gläubiger muss dann im Scheckprozess (§ 605a ZPO) seine Ansprüche geltend machen. Der Scheckprozess gehört seiner Art nach zu den Urkundsprozessen. Auf sehr kurzem Weg kann der Gläubiger zu einem Vollstreckungstitel gelangen. Damit ist das gerichtliche Mahnen eingeleitet.

Die Verfahrensweise im Umgang mit einem Wechsel ist ähnlich. Im Unterschied zum Scheck, der ein reines Zahlungsmittel ist, handelt es sich beim Wechsel um ein Kreditmittel. Dieser unterliegt einer besonderen Wechselstrenge.

Folgende Angaben auf dem Wechsel sind unentbehrlich:

- Ort und Datum der Ausstellung,
- Bezeichnung als Wechsel im Text der Urkunde,
- Verfallzeit,
- Name des Wechselnehmers (Remittent),
- Unbedingte Anweisung, eine bestimmte Geldsumme zu zahlen,
- Name des Bezogenen (Trassat),
- Zahlungsort,
- Unterschrift des Ausstellers (Trassant).

Werden auf einem Wechsel die Zeit der Ausstellung und die Verfallzeit nicht genannt, so gilt der Wechsel als zahlbar bei Vorlage (Sichtwechsel). Es handelt sich dabei um entbehrliche Angaben. Ein Wechsel ist durch Indossament übertragbar. Wird ein Wechsel nicht eingelöst, so geht er zu Protest. In einem Urkundsprozess kann die Forderung geltend gemacht werden. Gesetzliche Grundlage für den Wechsel ist das Wechselgesetz und im Fall des Protests die ZPO, §§ 602 – 605.

Frormann fasst den Unterschied zwischen Wechsel und Scheck wie folgt zusammen: „Wer einen Wechsel gibt, braucht Geld; Wer einen Scheck gibt hat Geld."[1]

Mit Teilzahlungen können Zahlungen des Schuldners erleichtert werden. Diese Form der Zahlungen, auch Ratenzahlungen, wird oft zur Absatzförderung hoch-

---

[1]   Frormann, Detlef: S. 186.

preisiger Produkte genutzt. Die Entscheidung über Teilzahlungen steht aber nicht dem Schuldner zu.

Dazu § 266 BGB:

„Der Schuldner ist zu Teilzahlungen nicht berechtigt."

Die Zustimmung des Gläubigers ist erforderlich. Dies geschieht oft mit einer Ratenzahlungsvereinbarung.

Wird vom Schuldner nach Eintritt der Fälligkeit der Wunsch geäußert, die Verbindlichkeit durch Teilzahlungen zu tilgen, so muss davon ausgegangen werden, dass er sich in Zahlungsschwierigkeiten befindet. Ohne weitere Informationen, z.B. durch eine Bank- oder Wirtschaftsauskunft sollte der Gläubiger nicht zustimmen.

Wesentliche Inhalte einer Ratenzahlungsvereinbarung (RZV) sind:

- Teilbeträge
- Zahlungstermin
- Verfallklausel
- Zinsen auf die Teilbeträge

Beispiel: Ratenzahlungsvereinbarung

Schuldneranschrift

Datum:

Zahlungsvereinbarung

Rechnungs- Nr.: ...   vom: ...
Fälliger Betrag : ... €

Sehr geehrte(r) Frau/Herr ...,

zur Begleichung o.g. Forderung vereinbaren wir folgende Ratenzahlung:

1. Rate: ... €   zahlbar bis: ... (Datum)
2. Rate: ... €   zahlbar bis: ... (Datum)
ggf. weitere Raten

Kommt der Schuldner mit einer Rate/Teilzahlung mehr als fünf Tage in Verzug, wird diese Vereinbarung unwirksam und die Gesamtforderung zur Zahlung fällig.

Ort, Datum

Unterschrift (Schuldner)   Unterschrift (Gläubiger)

Die Ratenzahlungsvereinbarung kann auch mit einem Schuldanerkenntnis abgeschlossen werden. Das Schuldanerkenntnis ist ein geeignetes Mittel zur Absicherung der Forderung und beinhaltet den Verzicht des Schuldners auf Einwendungen gegen die Forderung nach dem Grund und der Höhe. Außerdem kann mit aufgenommen werden, dass der Schuldner auf die Einrede der Verjährung verzichtet.

Beispiel: Schuldanerkenntnis mit Ratenzahlungsvereinbarung

Schuldanerkenntnis mit Ratenzahlungsvereinbarung

zwischen _____ (Gläubiger)

und _____ (Schuldner)

Gemäß Kontoauszug vom _____ bzw. Rechnung vom _____
schulde ich:

Hauptforderung _____

Nebenforderung (Bankrücklastschriften/Mahnspesen) _____

_____ % Zinsen ab _____

zu zahlende Forderung

1. Ich erkenne die oben genannte Gesamtforderung zuzüglich weiterer Zinsen ab _____ an und verzichte hiermit ausdrücklich auf die Einrede der Verjährung sowie auf Einwendungen jeglicher Art hinsichtlich des Grundes und der Höhe der Schuld.
2. Da ich derzeit nicht in der Lage bin, die Gesamtforderung in einer Summe zu zahlen, erfolgt der Ausgleich in monatlichen Teilbeträgen von € _____.
   Die Zahlungen erfolgen jeweils zum _____ eines jeden Monats, beginnend mit dem _____.
3. Eingehende Zahlungen werden gemäß § 367 Abs. 1 BGB verrechnet. Das heißt, dass Teilzahlungen erst gegen Kosten, dann gegen Zinsen und zuletzt mit der Hauptforderung verrechnet werden.
4. Komme ich mit einer Rate ganz oder teilweise länger als 14 Kalendertage in Rückstand, so ist die gesamte Restschuld sofort zur Zahlung fällig.
5. Zur Sicherung des Anspruchs trete ich meine Lohn-/Gehaltsansprüche sowie sonstige laufende Geldleistungen gegen den jeweiligen Leistungsträger in Höhe des pfändbaren Teils ab.
6. Es wird versichert, dass persönliche Daten gemäß Bundesdatenschutzgesetz vertraulich behandelt werden.

_____
Ort / Datum

_____   _____
(Schuldner)   (Gläubiger)

Die Anwendung von Ratenzahlungsvereinbarungen und Schuldanerkenntnissen sollte immer unter Berücksichtigung der Rechtsform der Unternehmen erfolgen. Natürliche Personen haften mit ihrem persönlichen Vermögen. Bei juristischen Personen, insbesondere einer GmbH, sollte versucht werden, die Haftung durch den persönlichen Schuldbeitritt der Personen der Geschäftsführung oder von Gesellschaftern herbeizuführen.

„Wird dies von den betreffenden Personen abgelehnt, geben sie zu verstehen, dass sie selbst nicht mehr daran glauben, dass die Verbindlichkeit auf diese Weise abzulösen ist."[1]

Gerichtliche Maßnahmen sollten umgehend eingeleitet werden.

Die Wirkung des Schuldanerkenntnisses kann noch verstärkt werden, wenn es notariell beurkundet wird. Dazu kann eine Vollstreckungsklausel aufgenommen werden.

Beispiel:

Der Schuldner unterwirft sich mit seinem persönlichen Vermögen der sofortigen Zwangsvollstreckung. Er bemächtigt den beurkundenden Notar, dem Gläubiger jederzeit eine vollstreckbare Ausfertigung dieser Urkunde zu erteilen, ohne dass es weiterer Nachweise bedarf.

Der Gläubiger kann somit bei Zahlungsverzug sofort den Gerichtsvollzieher mit der Zwangsvollstreckung beauftragen. Das betriebliche Mahnverfahren wird in ein gerichtliches Verfahren übergeleitet.

---

[1] Frormann, Detlef: S. 181.

4. Externe Informationsquellen als Grundlage für ein erfolgreiches Inkasso

4.1. Informationen als Entscheidungsgrundlage

Informationen sind die Grundlage für alle Entscheidungen im Unternehmen. Bei den Informationen handelt es sich um Meldungen mit Neuigkeitswert, mit deren Hilfe die Auswahl einer Handlungsalternative zur Zielerfüllung vorgenommen wird. Für Entscheidungen werden Informationen über alle Einflussgrößen, alle Alternativen und deren genaue Auswirkungen benötigt. Dabei können Informationen aus der Vergangenheit, aus gegenwärtigen Tatbeständen und über Zukünftiges verwendet werden. Der Informationsgrad ist dabei das Verhältnis von tatsächlich vorhandenen zu den sachlich notwendigen Informationen. Vollkommene Informationen lassen die Wahl einer optimalen Alternative zu. Die Ergebniserwartungen sind sicher.

Bei unvollkommenen Informationen kann die Wahl einer möglichst günstigen Alternative erfolgen, wobei die Ergebniserwartungen unsicher sind.

Die vollkommene Unkenntnis lässt die Wahl der Handlungsalternative zufällig erfolgen. Auch die Ergebniserwartungen tragen nur zufälligen Charakter.

Wöhe benennt diese Situation als vollkommene Ignoranz.[1]

Sie ist dann gegeben, wenn ein absoluter Mangel an Informationen vorliegt. Entsprechend können auch die Entscheidungskonsequenzen unterteilt werden. Entscheidungen werden bei Sicherheit, Risiko und Unsicherheit getroffen. Ursache sind die in den vorhandenen oder erzielbaren Informationen immanenten Mängel. Die Informationen sind unvollständig, notwendige Informationen fehlen oder sind unbestimmt, die Aussage vorhandener Informationen ist unexakt. Ist der Wahrheitsgehalt der Information begrenzt, so ist Unsicherheit gegeben.

Die Aufbereitung der Informationen kann durch Transmission, Translation und Transformation erfolgen. Die Transmission ist die unveränderte Wiedergabe der Informationen in ihrer eigentlichen Form. Die Translation verändert die Form der Informationen, nicht deren Inhalt. Bei der Transformation werden Informa-

---

[1] Vgl. Wöhe, Günter: S. 154.

tionen in Form und Inhalt in eine andere Information umgewandelt. Diese Umformung kann Mängel erzeugen. Je weniger Informationsmängel auftreten, desto höher ist der Informationsgrad, desto vollkommener ist die Information.

Das Informationsmanagement ist zuständig für die Beschaffung der Informationen und ihre Aufbereitung für Entscheidungen. Unabhängig von der Organisation des Unternehmens ist es eine Aufgabe für alle entsprechenden Stellen.

„Die Erfüllung informationswirtschaftlicher Aufgaben erfolgt nicht nur in eigens hierfür geschaffenen Abteilungen bzw. durch eigens hierfür vorgesehene Personen oder Gruppen innerhalb von Abteilungen mit anderen Funktionen (...). Informationsaufgaben sind Bestandteil der Stellenaufgabe fast aller Organisationsmitglieder."[1]

Umfassende Informationen über den Geschäftspartner sind somit auch die Grundlage für eine eventuell notwendige und erfolgreiche Forderungsbeitreibung.

4.2. Externe Informationsquellen

4.2.1. Jahresabschluss

Bei unternehmensinternen Beurteilungen von Geschäftspartnern sollten stets auch externe Informationsquellen genutzt werden. Mit Hilfe der Jahresabschlussanalyse können aus dem Jahresabschluss Informationen über die Vermögens-, Finanz- und Ertragslage eises Unternehmens gewonnen werden. Für die Gläubiger ist der Jahresabschluss ein Informationsmittel, um die Fähigkeit eines Unternehmens zu beurteilen, zum Fälligkeitstag Schuld und Zinsen zu bezahlen. Der Jahresabschluss besteht aus Bilanz, Gewinn- und Verlustrechnung und dem Anhang. Ein Lagebericht kann beigefügt sein.

Das HGB regelt die Offenlegungspflicht für Kapitalgesellschaften.[2] Die gesetzlichen Vertreter haben spätestens vor Ablauf des neunten Monats des dem Abschlussstichtag nachfolgenden Geschäftsjahres den Jahresabschluss beim zu-

---

[1] Heinen, Eduard: Industriebetriebslehre, 8. durchgesehene und verbesserte Auflage, Wiesbaden 1990, S. 906.

[2] Vgl. HGB, 3. Buch, 2. Abschnitt, §§ 264 ff.

ständigen Handelsregister einzureichen. Somit kann eine Jahresabschlussanalyse erst einige Monate nach Bilanzstichtag erfolgen. Sie ist nur eine Momentaufnahme zum Bilanzstichtag. Die Daten sind in zweifacher Hinsicht veraltet und überholt. Sie beziehen sich auf das vergangene Geschäftsjahr und der Jahresabschluss selbst auf einen Stichtag der bereits Vergangenheit ist. Ein Unternehmen, dass zum Bilanzstichtag liquide war, hat vielleicht zwischenzeitlich schon die Zahlungen eingestellt. Hinzu kommt, dass das HGB abhängig von der Größe der Kapitalgesellschaften viele Erleichterungen zulässt. Während große Kapitalgesellschaften ihren Jahresabschluss zunächst im Bundesanzeiger und danach im Handelsregister veröffentlichen, brauchen mittelgroße und kleine Kapitalgesellschaften den Jahresabschluss nur im Handelsregister veröffentlichen mit einem Hinweis darauf im Bundesanzeiger. Diese Jahresabschlüsse sind an das jeweilige Handelsregister gebunden. Sie sind nicht wie der Bundesanzeiger überregional sondern nur regional verfügbar.

Die Vielzahl der Erleichterungen ermöglicht es kleineren Kapitalgesellschaften nur die Bilanz und den Anhang in verkürzter Form, nicht aber die Gewinn- und Verlustrechnung sowie den Lagebericht zu veröffentlichen. Die Möglichkeit der Zusammenfassung und Verdichtung von Bilanzpositionen erschwert zusätzlich die Gewinnung von aussagefähigen Daten. Somit sind die Informationen aus dem Jahresabschluss, die einen Einblick in das Unternehmensgeschehen vermitteln sollen, unvollständig. Für Entscheidungen im betrieblichen Mahnwesen sind sie weniger geeignet. Trotzdem können mit Hilfe der Bilanz – kennzahlen und der Bilanz – Kennzahlen – Systeme eine Vielzahl quantitativer Aussagen zum Unternehmen erzielt werden, besonders wenn der Vergleich mit Vorjahresbilanzen möglich ist. So können Entwicklungen und Tendenzen im jeweiligen Unternehmen rechtzeitiger erkannt werden. Nachteilig ist, dass über qualitative Aspekte im Unternehmen nur indirekt Aussagen abgeleitet werden können, bzw. solche im Jahresabschluss nicht enthalten sind. Aussagen über die Qualität des Managements, die Mitarbeiter, das Image des Unternehmens, die Dynamik der Betriebsabläufe, die Qualität, die technologische Reife der Produkte, den Auftragsbestand, die Preisentwicklungen bei Bezug und Absatz und über die Konkurrenz sind nicht möglich.[1] Ebenso wenig enthält der Jahresabschluss Aussa-

---

[1] Vgl. Gräfer, Horst: Bilanzanalyse. Eine Einführung mit Aufgaben und Lösungen, 6. Auflage, Herne/Berlin 1994, S. 31.

gen über das Auslaufen von Patenten, Schutzrechten oder Exklusivverträgen. Für bestimmte Analysen, z.b. der Liquidität, die für den Erfolg eines Inkassos wichtig sind, werden keine Informationen bereitgestellt. Das Momentbild, welches die Bilanz zeigt, lässt keine Aussage zur Zahlungsbereitschaft zu. Die ausgewiesenen Forderungen aus Lieferungen und Leistungen können nicht automatisch der Liquiditätsreserve zugerechnet werden. Eine Auswertung kann nur auf der Grundlage von Einnahmen und Ausgaben erfolgen. Im Jahresabschluss hingegen wird mit den Rechengrößen Aufwand und Ertrag gearbeitet. Es fehlen Aussagen zu Kreditreserven. Eine Analyse der Eigenkapitalausstattung sollte aber in jedem Fall erfolgen.

Wechsel und Wertpapiere des Umlaufvermögens gehören zu den liquiden Mitteln 2. Grades. Es kann aber keine Aussage darüber gemacht werden, innerhalb welcher Frist sie zur Begleichung von Verbindlichkeiten zur Verfügung stehen. Somit sind Aussagen über laufende Zahlungen an Kreditoren nicht möglich, sie lassen sich ggf. nur schätzen.

Zu Eigentumsvorbehalten und Sicherungsübereignungen, welche die Haftungsmasse des Unternehmens herabsetzen, sind im Jahresabschluss keine Aussagen enthalten. Diese Sachverhalte sind nicht bilanzierbar. Sie haben aber Einfluss auf das Unternehmensgeschehen und wären wichtige Informationen bei Inkassoentscheidungen der Gläubiger. Derartige Sachverhalte würden auch Entscheidungen beeinflussen, die zukünftig Einfluss auf Ein- und Auszahlungen haben.

Der Jahresabschluss ist aber vergangenheitsorientiert. Aussagen zur geplanten Finanz- und Ertragslage sind durch mangelnden Zukunftsbezug nicht oder nur andeutungsweise im Lagebericht enthalten, wenn ein solcher veröffentlicht wird. Für aussagekräftige finanzanalytische Zwecke fehlt dem Jahresabschluss außerdem die notwendige Genauigkeit. Die Verbindlichkeiten sind mit einer Restlaufzeit von bis zu einem Jahr für jeden Posten gesondert zu vermerken. Gleiches gilt für die Forderungen mit Restlaufzeiten über einem Jahr. Diese Unterteilung im Verbindlichkeitenspiegel in kurz-, mittel- und langfristige Verbindlichkeiten ist aber noch nicht detailliert genug. Die tatsächliche Fälligkeit ist nicht angegeben.

Auch im Anhang zur Bilanz sind langfristige Darlehen mit Frist und Zinssatz nicht angegeben. Bei Kontokorrentkrediten werden sowohl die zugesagten als auch die in Anspruch genommenen Darlehen nicht aufgeführt. Dieser Sachverhalt erschwert den Einblick in den Liquiditätsspielraum.

Für andere Kapital- und Vermögenspositionen ist die Fristigkeit ebenfalls nur unvollkommen zu erkennen. So kann z.B. Vorratsvermögen länger gebunden sein. Prolongierte kurzfristige Kredite stehen dem Unternehmen langfristig zur Verfügung. Diese Tatsachen erschweren Entscheidungen für ein Inkasso gegen den Schuldner und lassen den Erfolg nicht von vornherein bestimmen.

Von bedeutendem Einfluss ist die Vielzahl von Bilanzierungs- und Bewertungswahlrechten. Nutzt ein Unternehmen die gesetzlich zulässigen Wahlmöglichkeiten, so ergibt sich ein Ermessensspielraum, in dessen Ergebnis eine Vermögens- und Ertragslage dargestellt wird, die keinen ausreichenden Einblick in die tatsächliche Situation zum Bilanzstichtag ermöglicht.[1]

Eine besondere Situation ergibt sich durch die Sachverhalte Besitz und Eigentum. Die Ausübung der tatsächlichen Gewalt über eine Sache wird als Besitz bezeichnet. Eigentum kennzeichnet die beliebige Verfügungsmacht. In der Bilanz wird nicht Besitz sondern Eigentum aktiviert. Diese Regelung trifft nur für das Anlagevermögen zu. Im Umlaufvermögen wird „wirtschaftliches Eigentum" aktiviert, welches dem Unternehmen nicht oder noch nicht rechtlich gehört. Das trifft auf alle Lieferungen unter Eigentumsvorbehalt zu. Andererseits werden auch alle Sachen bilanziert, die Gläubigern als Sicherheit übereignet wurden, also deren Eigentum durch Sicherungsübereignung geworden sind.[2] Derartige nicht bekannte Sachverhalte verringern die Qualität des Jahresabschlusses als Informationsquelle.

Es kann generell nicht ausgeschlossen werden, dass die Ermessensspielräume auch zu Manipulationen genutzt werden. Dies ist insbesondere dann gegeben, wenn die Möglichkeiten der Gestaltung, die gesetzlich realisierbar sind, ausgenutzt und überschritten werden.

Unter solchen Bedingungen erlaubt die Qualität des Grundmaterials der Bilanz- bzw. Jahresabschlussanalyse dem Analytiker kaum einen zielgerichteten und auswertbaren Einblick in den Jahresabschluss.[3] Die angewandten Bilanzierungs- und Bewertungswahlrechte müssen jedoch im Anhang angegeben werden. Für

---

[1] Vgl. Schult, Eberhard: Bilanzanalyse, Möglichkeiten und Grenzen externer Unternehmensbeurteilung, 8. aktualisierte Auflage, Freiburg im Breisgau 1991, S. 21 ff.

[2] Vgl. Kellner, Arend: S. 279.

[3] Vgl. Leffson, Ulrich: Bilanzanalyse, 3. verbesserte Auflage, Stuttgart 1984, S. 11 f.

die Analyse bedeutet das wiederum, dass der beauftragte Mitarbeiter über umfassende Kenntnisse der handelsrechtlichen Bilanzierungs- und Bewertungsvorschriften verfügen muss. Wenn eine solche Analyse für Unternehmens- und Inkassoentscheidungen Bedeutung haben soll, muss der damit beauftragte Mitarbeiter über eine entsprechende Qualifikation verfügen.

Bei allen bisher angeführten Mängeln kann der Jahresabschluss dennoch für den externen Adressaten brauchbare Informationen liefern. Die Aussagefähigkeit gewinnt dann an Gewicht, wenn das Zahlenmaterial sachkundig und in entsprechenden Kennzahlen verarbeitet wird. Ein Zeitvergleich sollte immer durchgeführt werden.[1] Die Kenntnis möglicher Fehler der Interpretation sichert den notwendigen gebotenen Abstand.

Eine Hilfe ist eine Jahresabschlussanalyse immer. Sie ist aber nicht für alle Unternehmen möglich. Es gibt keine Pflicht zur Offenlegung für Nicht – Kapitalgesellschaften. Ausnahmen regelt das Publizitätsgesetz in seinem Paragraphen 1 für solche Unternehmen, die die Größenmerkmale erfüllen. Für alle anderen Unternehmen ist die Jahresabschlussanalyse schwer, weil viele kleinere Unternehmen, die durchaus einen großen Kundenkreis bilden, nicht bilanzierungspflichtig sind. Oft wird nur eine Einnahme – Überschuss – Rechnung erstellt. Die Abgrenzung zwischen Betriebs- und Privatvermögen ist nicht immer einfach. Die Leistung dieser Unternehmen ist von der persönlichen Leistung der Unternehmer abhängig, deren Qualität aus Zahlenmaterial schwer abzuleiten ist, mit deren persönlicher Haftung für Verbindlichkeiten ein Inkasso aber durchaus Erfolg haben kann.

4.2.2. Wirtschaftsdatenbanken

Wirtschaftsdatenbanken werden von Wirtschaftsauskunfteien geführt. Es sind Unternehmen in unterschiedlichen Rechtsformen. Sie ermitteln betriebswirtschaftlich wichtige Daten für und über geschäftliche Verbindungen und bearbeiten diese in Form eines Auskunftsberichtes.

In der Bundesrepublik Deutschland gibt es im wesentlichen drei Wirtschaftsdatenbanken. Es sind die Datenbanken von Creditreform, der Bürgel-Wirtschaftsauskunft und von Dun & Bradstreet.

---

[1]   Vgl. Gräfer, Horst: S. 32 f.

Die bedeutendste und deutschlandweit größte Datenbank unterhält Creditreform. Der Verband der Vereine Creditreform e.V. ist mit 134 Betriebsgesellschaften flächendeckend mit Datenbanken tätig und unterhält am Hauptsitz in Neuss zusätzlich eine Auslandsdatenbank.

Die Wirtschaftsauskunfteien geben ihre Auskunftsberichte gegen Entgelt an Dritte ab. Zu den Empfängern gehören Unternehmen der verschiedensten Arten und Branchen: Banken, Factoringunternehmen, Leasinggeber, Warenkreditversicherer, Großhändler und andere Unternehmen.

Um kreditrelevante Informationen einzuholen werden nicht nur öffentliche Register (Handelsregister, Genossenschaftsregister, Partnerschaftsregister, Vereinsregister, Gewerberegister, Melderegister) sowie Schuldnerverzeichnis und Bundesanzeiger genutzt, sondern auch Auskünfte von den Unternehmen selbst eingeholt.

Im Dialog mit den Geschäftspartnern und früheren Auskunftsempfängern werden über Rückkopplungen Informationen zum Zahlungsverhalten gewonnen. Im Zusammenhang mit einer Bankauskunft kann man Schlüsse ziehen, ob ein Bankkredit pünktlich bedient wird oder dieses z.B. zu Lasten anderer Kredite, insbesondere Lieferantenkredite, erfolgt.

Die Informationen von Geschäftspartnern zu positiven und negativen Zahlungserfahrungen mit Kunden fließen in die Beurteilung der Bonität ein. Weiterhin werden Scheck- und Wechselproteste, Inkassomeldungen, Insolvenzverfahren, die Haftanordnung und die Abgabe der eidesstattlichen Versicherung in der Auskunft vermerkt.

Der Vorteil einer Wirtschaftsauskunft besteht darin, dass alle sich innerhalb eines bestimmten Zeitraumes ergebenden Veränderungen des beauskunfteten Unternehmens als Informationsnachtrag versendet werden. Die Frist der Nachtragserteilung ist dabei von Unternehmen zu Unternehmen unterschiedlich und preislich differenziert.

Mit Hilfe der EDV sind die Datenbanken deutschlandweit verbunden und können auch im Onlineverfahren durch eigene Computersysteme der Unternehmen abgerufen werden.

Die Wirtschaftsauskünfte ergänzen somit aktuell eigene Informationen. Durch sie können geeignete Entscheidungen bezüglich des eigenen Inkassos unterstützt werden.

Die Wirtschaftsauskunft soll Aussagen zu folgenden Sachverhalten beinhalten:

- Rechtsform / Rechtsformänderungen
- Gründung des Unternehmens / Alter
- Gegenstand des Unternehmens, deren Veränderungen und mögliche Branchenentwicklungen
- Auftragslage
- Umsatzentwicklung
- Bilanzdaten
- Eigenkapitalausstattung und Haftungsverhältnisse
- Bankverbindungen
- Zahlungsweise
- Bonitätsurteil und der Vorschlag eines Höchstkredites
- Konzernzugehörigkeit
- Organschafts- bzw. Ergebnisabführungsverträge

Die Aussagefähigkeit der Wirtschaftsauskünfte sollte trotz der Menge der Informationen auch immer kritisch hinterfragt werden. Der Gläubiger, als Empfänger der Auskunft, trägt das Risiko, ob die Auskunft entscheidungsrelevante Informationen für seine Interessen enthält.

Die Kosten können recht unterschiedlich sein. Gestaffelte Preise für eine jeweils unterschiedliche Anzahl von Auskünften sind möglich. Viele Auskunfteien , die auch Inkasso durchführen, binden Unternehmen durch Mitgliedschaften in ihren eingetragenen Vereinen. Durch diese Praktiken werden fixe Kosten in Form von jährlichen Mitgliedsbeiträgen fällig. Diese Kosten müssen auf die Transaktionen verteilt werden (Anzahl der Auskünfte, Anzahl der eingereichten Inkassofälle), die mit den Auskunfteien und Inkassounternehmen durchgeführt werden.

Beispiel 1:
Der Jahresbeitrag (fix) beträgt 500,00 € und die Einzelauskunft 34,00 €.
Schriftliche Auskunftsnachträge werden im Zeitraum von einem Jahr erteilt. Es werden 10 Auskünfte a 30,00 € beansprucht (Rabattsystem).
Jahresbeitrag 500,00 € / 10 Auskünfte = 50,00 € + Auskunftspreis 30,00 € = 80,00 €.
Die Kosten pro Auskunft betragen 80,00 €.

Einige Auskunfteien gestalten die Preise ihrer Auskünfte in Abhängigkeit von der Nachtragspflicht günstiger. In der Argumentation wird oft auf die Tatsache verwiesen, dass 90 Tage nach Abschluss eines Geschäftes auch die Forderung realisiert sein sollte. Auf diesen Zeitraum wird dann auch der Preis der Auskunft abgestellt. Dabei bleibt unberücksichtigt, dass in der Regel dauerhafte und stabile partnerschaftliche Geschäftsbeziehungen über längere Zeiträume angestrebt werden.

Beispiel 2:
Der Jahresbeitrag (fix) beträgt 250,00 €. Bei einem Bedarf von 10 Auskünften soll der Preis der Auskunft 20,00 € betragen. Die schriftlichen Auskunftsnachträge werden in einem Zeitraum von 3 Monaten erteilt.
Jahresbeitrag 250,00 € / 10 Auskünfte = 25,00 € + Auskunftspreis 20,00 € = 45,00 €.
Die Kosten pro Auskunft betragen 45,00 €.

Das erscheint günstiger als im Beispiel 1. Werden weitere Auskünfte zu dem bereits beauskunfteten Unternehmen nötig, sind weitere Einzelkosten fällig. Für den Zeitraum von einem Jahr erhöhen sich die Gesamtkosten um 3 x 20,00 €, gesamt 60,00 €, auf insgesamt 105,00 €, für diese erhaltenen Auskünfte.

Weitere Preisgestaltungen ergeben sich aus der Lieferzeit der Auskunft. Unterschieden wird dabei oft in drei Kategorien:

- Normalauskunft

- Eilauskunft

- Blitzauskunft

Die Preise der Beispiele 1 und 2 beziehen sich auf eine Normalauskunft, für die regelmäßig eine Lieferzeit von ca. 5 Tagen vorgesehen ist. Die anderen Auskunftsarten werden in einigen Stunden geliefert und sind entsprechend teurer. Der doppelte oder dreifache Preis einer Normalauskunft muss oft gezahlt werden.

Eine eindeutige Aussage zur Qualität einer Auskunft bei sehr kurzen Lieferzeiten kann nicht vorgenommen werden.

Die Qualität der Auskünfte, insbesondere über die Zahlungsweise von Unternehmen, ist wesentlich von der Rückkopplung, dem Feed-back, durch die Unternehmen abhängig, die eine Auskunft erhalten haben.

Es muss dabei berücksichtigt werden, dass Banken, Leasingunternehmen, Warenkreditversicherer und öffentliche Einrichtungen aus Gründen des Datenschutzes und der Kundenpflege keine Auskünfte über die Zahlungsweise ihrer Kunden bzw. Vertragspartner erteilen. Andere Unternehmen zeigen diskrete Zurückhaltung.

Die Informationsrückkopplung realisiert sich bei Creditreform über die ca. 134 Geschäftsstellen, die ca.135000 Mitgliedsunternehmen betreuen.[1]

Bezogen auf die Gesamtzahl aller 2 581 203 Unternehmen in Deutschland[2] sind das 5,23 % der Unternehmen. Werden die Einzelhandelsunternehmen und die Vielzahl der Klein- und Kleinstbetriebe herausgerechnet wird sich ein nur unwesentlich günstigeres Verhältnis ergeben.

Das Verhältnis der Auskunftei Bürgel gestaltet sich dabei noch ungünstiger.

Deutschlandweit betreuen 60 Büros ca. 68000 Mitgliedsunternehmen.[3] Das ergibt 2,63 % aller Unternehmen. Dieses Verhältnis gestaltet sich bei anderen Auskunfteien und Unternehmen, die sich mit derartigen Dingen befassen, noch ungünstiger.

Unter Beachtung dieser Tatsachen sollte eine Wirtschaftsauskunft als alleiniges Mittel einer Entscheidung nicht absolute Priorität haben.

Wirtschaftsauskünfte sind aber dennoch eine nicht zu unterschätzende Informationsquelle. Die Auskunfteien haben mehrere Millionen Firmendaten und Verknüpfungen gespeichert, die einer permanenten Aktualisierung unterliegen. Die kontinuierliche Arbeit mit Auskünften lassen diese zu einem hilfreichen Informationsmittel für unternehmerische Entscheidungen werden.

4.2.3. Bankauskunft

Eine weitere hilfreiche Quelle für Informationen sind Bankauskünfte. Die Banken und Sparkassen regeln in ihren allgemeinen Geschäftsbedingungen die Verfahrensweise mit Bankauskünften.[4]

---

[1]   www.creditreform.de

[2]   Statistisches Jahrbuch 1999 für die Bundesrepublik Deutschland, S. 129

[3]   www.buergel.de

[4]   Vgl. Allgemeine Geschäftsbedingungen, Grundregeln für die Beziehung zwischen Kunde und Bank, Nr.2, Absatz 3 – Voraussetzung für die Erteilung einer Bankauskunft

Banken erteilen unter Wahrung des Bankgeheimnisses Auskünfte über juristische Personen und Kaufleute, die im Handelsregister eingetragen sind. In der Regel werden dazu Vordrucke verwendet. Die Einholung einer solchen Auskunft erfolgt über die eigene Hausbank. Diese setzt sich mit der Hausbank des Kunden in Verbindung. Es sind keine direkten Anfragen an die Hausbank des Kunden zu stellen. Die Banken berichten entsprechend ihrem eigenen Erkenntnisstand.

Im Unterschied zu Wirtschaftsauskunfteien werden keine anfrageinitiierten Recherchen durchgeführt. Nachtragsauskünfte werden ebenfalls nicht erteilt, selbst wenn sich die wirtschaftliche Lage des Kunden sehr verschlechtert.

Die Banken erteilen allgemein gehaltene Aussagen und Bewertungen zu den wirtschaftlichen Verhältnissen des Kunden, seiner Kreditwürdigkeit und Zahlungsfähigkeit. Es werden keine betragsmäßigen Daten der Kontostände und Sparguthaben, Depot- oder anderer Vermögenswerte bekannt gegeben. Zur Höhe von Kreditinanspruchnahmen werden keine Angaben gemacht. Aus den eher zurückhaltenden Formulierungen der Banken ist es nicht leicht, Schlüsse über die Zahlungsfähigkeit der Kunden zu ziehen.

Banken nutzen für die Bereitstellung der Auskunft eine „Bank-an-Bank-Auskunft". Diese Auskunft ist in drei Schwerpunkte mit entsprechenden Unterpunkten unterteilt. Es werden Aussagen zur Geschäftsverbindung/Kontoführung, zu finanziellen und wirtschaftlichen Verhältnissen sowie zur Kreditbeurteilung erteilt.

Ein detaillierter Anfragegrund und die Bezifferung eines Kreditbetrages können die Auswertung der Bankauskunft erleichtern. Sie kann als Informationsquelle für eine Entscheidung über die Durchführung von Inkassoaktivitäten sehr hilfreich sein.

Besondere Aufmerksamkeit sollten bei einer Bankauskunft immer sogenannte Negativmerkmale erzeugen. Sie verweisen auf Überziehungen von Kreditlinien, Schwierigkeiten beim Einhalten von Zahlungszielen und einer angespannten Situation bei liquiden Mitteln hin.

Werden diese Aussagen durch Informationen aus anderen Quellen verstärkt, sollten konsequent eigene Aktivitäten sowohl in Inkasso als auch in der Kreditbeziehung zum Kunden eingeleitet werden. Kreditlinien sollten gekürzt und Sicherheiten eingefordert werden.

Die folgende Tabelle soll einige Aussagen einer Bankauskunft spezifizieren.

Tabelle 11: Aussagen einer Bankauskunft

Aussage der Bankauskunft	Inhalt dieser Aussage
Das Konto wird auf Guthabenbasis geführt.	Dem Unternehmen stehen ausreichend liquide Mittel zur Verfügung.
Wir haben ein Blanko- bzw. gedeckten Kredit gewährt.	Es ist nicht erkennbar ob und in welchem Umfang der Kredit beansprucht wurde, wenn darüber keine Auskunft erteilt wird.
Es werden vorübergehend Überziehungen beansprucht.	Die Liquiditätssituation ist äußerst angespannt. Bei Kreditierung entsteht ein hohes Risiko.
Wir haben bisher keine Veranlassung, näheren Einblick in die finanziellen Verhältnisse zu nehmen.	Weitere Auskünfte müssen eingeholt werden, da die Bank kein Urteil abgibt.
Das Konto ist unbedeutend und lässt keine Schlüsse auf die finanziellen Verhältnisse und die Bonität des Kontoinhabers zu.	Die Bank hat eine lose Geschäftsverbindung zum Angefragten. Sie möchte keine weiteren Angaben machen. Weitere Konten bei anderen Banken können existieren.
Der Angefragte gilt als vertrauenswürdig.	Gute Gesamtverhältnisse.
Der Betrieb wird umsichtig geführt.	Geschäftsempfehlung.
Es ist unbelasteter Grundbesitz vorhanden.	Der Angefragte verfügt über Grundbesitz. Der Grundbesitz kann jederzeit als Sicherheit für weitere Kredite eingesetzt werden.
Vorhandener Grundbesitz ist weitgehend belastet.	Der Angefragte hat den Beleihungsspielraum des Grundbesitzes bereits ausgeschöpft.
Für den angefragten Betrag ist die Firma zur Zeit gut.	Das angefragte Unternehmen ist für den konkreten Fall unbedenklich kreditwürdig. Höhere Beträge sollten eher kritisch betrachtet werden. Es können nicht automatisch positive Schlussfolgerungen für das gesamte Unternehmen gezogen werden.

Aussage der Bankauskunft	Inhalt dieser Aussage
Der angefragte Betrag dürfte im Rahmen des Geschäftsumfanges liegen.	Die Beurteilung ist eher zurückhaltend, auch wenn der Betrag bestätigt wurde.
Eingegangene Verpflichtungen, auch in der angefragten Höhe, sind nach unseren Beobachtungen bisher pünktlich reguliert wurden.	Gute allgemeine Beurteilung. Der angefragte Kreditbetrag wird bestätigt.
Wir glauben, dass nur erfüllbare Verpflichtungen eingegangen werden.	Einwandfreie Bonität des Angefragten.
Die finanziellen Verhältnisse erscheinen angespannt. Dies wirkt sich auf die Zahlungsweise aus.	Liquiditätskrise. Mit einer Kreditgewährung wird ein hohes Risiko eingegangen. Es gab Scheckrückgaben.
Die Geschäftsverbindung/Kontoführung gibt Anlaß zu erheblichen Beanstandungen.	Geschäftliche Beziehungen auf Kreditbasis sollten nur auf der Grundlage ausreichender Sicherheiten erfolgen.
Wir raten zur Vorsicht.	Eine Deckung für eingegangene Verbindlichkeiten ist derzeit nicht vorhanden. Äußerste Zurückhaltung.
Da wir nur einen ungenügenden Einblick in die finanziellen Verhältnisse haben, können wir zur Kreditbeurteilung keine Aussage machen.	Die Bank kann keine Auskunft erteilen. Es mangelt an Informationen. Weitere Auskünfte einholen.

Die Kosten für eine Bankauskunft können nicht genau beziffert werden. Einige Banken bieten ihren Kunden diesen Service kostenlos an. Andere Banken berechnen dafür eine Gebühr. Diese kann in einer Höhe von 5,00 bis 50,00 € pro Auskunft anfallen. Der konkrete Preis kann beim Firmenkundenbetreuer der Hausbank erfragt werden.

Der Wert einer Bankauskunft hat durch zwei wesentliche Urteile des Bundesgerichtshofes an Qualität gewonnen. Im Urteil XI ZR 340/99 vom 05. Dezember 2000 urteilte der BGH, dass eine Bankauskunft korrekt ist, wenn sie dem Informationsstand der Bank entspricht.

Die Bank haftet für Vermögensverluste, wenn wissentlich falsche Auskünfte erteilt werden. Der Kläger auf Schadenersatz muss beweisen, dass die Bank wissentlich falsche Auskunft erteilt hat. Der Beweis ist schwierig.

Hilfreich können Auskünfte gewerblicher Auskunfteien sein. Haben diese Auskünfte negative Merkmale im Zeitpunkt der Bankauskunft, hätten auch die Banken davon wissen müssen.

Die Haftung der Banken betrifft auch Dritte. Dem Kunden zur Verfügung gestellte Auskunft kann nämlich auch für einen Dritten bestimmt sein, wenn der Kunde den Dritten mit dieser Bankauskunft/Bescheinigung zu Vermögensdispositionen veranlasst. Hiermit kommt ein Auskunftsvertrag zwischen der Bank und einem Dritten zustande (BGH, XI ZR 375/97 vom 07. Juli 1998).

Mit den o.g. Urteilen ist die Bankauskunft als Informationsquelle aufgewertet wurden. Sie ist somit wichtige Entscheidungshilfe für betriebliches Inkasso.

4.2.4. Geschäftspartner

Die Informationen von Geschäftspartnern über Geschäftspartner können die aus anderen Quellen gewonnen Informationen ergänzen und verstärken.

Der subjektive Eindruck des Informationsgebers kann die Information verfälschen. Außerdem werden solche Informationen sehr zurückhaltend und nur unter Wahrung strenger Diskretion weitergegeben.

Ursache dafür sind die Kundenbeziehungen selbst, die nicht beeinträchtigt werden sollen. Trotzdem ist den, in der Branche und Region, kursierenden Meinungen genügend Aufmerksamkeit zu schenken. Der Wahrheitsgehalt sollte wenn möglich, immer überprüft werden, da auch durch Konkurrenzdenken die Informationen falsch sein können.

Auf Grund der beschriebenen Unzulänglichkeiten kann diesen Informationen nur eine unterstützende Aufgabe zugedacht werden. Eine alleinige Grundlage der Entscheidung kann sie nicht sein. Aus diesem Grund sollten von möglichst vielen Stellen Informationen eingeholt werden. Sind diese zweifelhaft oder widersprechend, gibt es nur eine Quelle, die es am besten weiß, der Schuldner.

Im persönlichen Kontakt wird er Rede und Antwort stehen. Versucht der Schuldner sich herauszureden, dann ist dieser Kunde ein Risiko.

4.2.5. Schufa-Auskünfte

Die Auskünfte der Schufa können ebenfalls zur Kundenbeurteilung herangezogen werden. Die Schufa – Schutzgemeinschaft für Abzahlungskäufe oder auch Schutzgemeinschaft für Allgemeine Kreditsicherungen – wurde von der kreditgebenden deutschen Wirtschaft eingerichtet. Die Besonderheit besteht darin, dass nur Vertragspartner Auskünfte abfragen können. Andererseits ist ihnen die Pflicht auferlegt, der Schufa bestimmte Informationen, d.h. Daten über vertragsgemäßes Verhalten von Kunden, zu melden.

Vertragspartner der Schufa sind ausschließlich Unternehmen, die gewerbsmäßig Geld- und Warenkredite an Konsumenten geben. Dabei handelt es sich um Kreditinstitute, Leasingunternehmen, Kreditkartenemittenten sowie Einzelhandels- und Versandhandelsunternehmen.

Die Schufa erhebt selbst keine Daten. Diese Daten liefern die Vertragspartner und dies Daten werden von der Schufa auch keiner Bewertung unterzogen.

Sie speichert jedoch Informationen über Mahnbescheide, Vollstreckungen, Haftanordnungen und die Abgabe der eidesstattlichen Versicherung. Für die Unternehmen, die diese Informationsquelle nutzen, kann sie eine wertvolle Hilfe bei Entscheidungen zur Forderungsbeitreibung sein.

4.2.6. Informationsgewinnung aus anderen Quellen

Die Informationen zum Schuldner können weiter verdichtet werden, um den Entscheidungsprozeß zu Inkassoaktivitäten zu beschleunigen.

Schuldner, die gewerblich tätig sind, haben ihre Tätigkeit nach § 14 GewO anzuzeigen. Die Gewerbeämter der Gemeinden erteilen Auskünfte darüber. Diese Auskünfte beinhalten den Ort, den Gegenstand des Betriebes sowie den Namen des Inhabers. Weitere Angaben über Sitzverlegungen oder Betriebsaufgaben werden erteilt. Die Kosten für diese Anfrage liegen zwischen 10,00 € und 15,00 €. Der konkrete Preis kann vorher telefonisch erfragt werden.

Ein Verrechnungsscheck sollte der Anfrage beigefügt werden.

Die gleiche Verfahrensweise wird bei Anfragen an die Einwohnermeldeämter praktiziert, um den aktuellen Aufenthaltsort des Schuldners zu ermitteln, wenn er seine Anzeigepflicht nach § 21 Abs. 1 des Melderechtsrahmengesetzes des Bundes und der Meldegesetze der Länder erfüllt hat. Eine einfache Melderegisterauskunft kann ca. 3,50 € kosten.

Die Industrie- und Handelskammern und die Handwerkskammern erteilen Auskünfte für ihre Mitglieder aus ihren Kammerbezirken. Durch die Mitgliedschaft sind solche Auskünfte oft kostenlos.

Die Amtsgerichte führen verschiedene Register, die eine wichtige Informationsquelle sind. Es sind das Handelsregister, das Genossenschaftsregister, das Vereinsregister und das Partnerschaftsregister.

Aus diesen Registern können Informationen über den Sitz des Schuldners, die Gesellschafter, die Haftungsverhältnisse, den Geschäftsführer und die Vorstände sowie den Gegenstand der Geschäftlichen Aktivitäten erhalten. Veröffentlichungspflichtige Unternehmen haben beim Amtsgericht auch die Jahresabschlüsse zu hinterlegen.

Das HGB bestimmt in seinem § 9 Absatz 1, dass die Einsicht in das Handelsregister und die eingereichten Schriftstücke jedem gestattet ist. Diese Publizität trifft auch auf die anderen Register zu.

Die Einsicht ist kostenlos. Abschriften werden gegen Entgelt erstellt. Die Kosten können ca. 0,50 € pro Blatt betragen. Für beglaubigte Abschriften sind pro Blatt höhere Gebühren zu zahlen, die vorher bei dem zuständigen Register erfragt werden können.

Eine besondere Bedeutung haben die Schuldnerregister der Amtsgerichte. Hier kann der Gläubiger eine Auskunft über Negativeintragungen der Schuldner erhalten. Im Schuldnerregister ist vermerkt ob der Schuldner eine eidesstattliche Versicherung über seine Vermögensverhältnisse abgegeben hat bzw. ein Haftbefehl zur Abgabe ergangen ist oder ein Insolvenzverfahren anhängig ist.

In dem Anschreiben ist das berechtigte Interesse darzulegen, dass dem Gläubiger Nachteile entstehen, wenn der Schuldner nicht zahlt. Die Auskunft ist kostenlos.

Wenn die Auskunft ergibt, dass der Schuldner eine eidesstattliche Versicherung abgegeben hat, so kann der Gläubiger die Abschrift des Vermögensverzeichnisses anfordern. Aus diesem Vermögensverzeichnis können sich Hinweise ergeben, wo der Schuldner noch Vermögen hat, insbesondere Forderungen gegen Dritte. Die Kosten liegen zwischen 10,00 € und 15,00 € und sind durch Vorauskasse zu entrichten.

Einige Schuldner versuchen sich dem Gläubigerzugriff durch verschiedene Taktiken zu entziehen. Gestaltet sich die Suche nach einem Schuldner schwierig, kann auch ein Detektiv mit Ermittlungen beauftragt werden. Die dabei anfallenden Kosten sollten genau erfragt und vertraglich geregelt werden.

Die Kosten pro Stunde betragen oft 40,00 € oder mehr. Spesen und Auslagen kommen hinzu und somit können erhebliche Kosten entstehen.

Einfacher und kostengünstiger, wenn auch in der Aussagekraft eingeschränkt, sind Anfragen bei der Post mit der Bitte um Bestätigung der Anschrift eines Schuldners. Die Kosten betragen ca. 1,00 € pro Anfrage. Die Auskunft von Telekommunikationsunternehmen können ebenfalls genutzt werden.

Die Informationsbeschaffung über den Schuldner ist mit erheblichen Kosten verbunden. Diese Kosten müssen auch beim Inkasso berücksichtigt werden.

Die beste Informationsquelle ist und bleibt der Schuldner selbst. Deshalb sollte immer ein enger Kontakt zum Schuldner gesucht werden.

5. Betriebliches Inkasso oder Outsourcing

5.1. Inkassospezifische Aspekte

Die Entscheidung, ob Inkasso künftig im Unternehmen durchgeführt wird oder durch Funktionsausgliederung an externe Inkassohelfer übertragen werden soll, wird von unterschiedlichen Überlegungen getragen.

Jedes Unternehmen führt eine eigene Mahntätigkeit durch. Die Ausgliederung der Inkassofunktion ist deshalb keine Entscheidung für internes oder externes Inkasso. Mit der Ausgliederungsentscheidung muss festgestellt werden in welchem Umfang eigene Mahntätigkeit durchgeführt wird.

Traditionell basiert eine Make-or-buy-Entscheidung auf einem Kostenvergleich. Bei der Spezifik, die jeder Inkassofall besitzt, kann nur eine längerfristige Analyse, ein Mehrperiodenvergleich, eine wirksame Entscheidungshilfe sein. Zusätzlich sind Überlegungen durchzuführen, ob eine fallweise oder grundsätzliche Ausgliederung der Inkassofunktion erfolgen soll.

Die Qualität des Inkasso, der Erfolg, kann dabei auf zwei Arten gemessen werden: Zum einen kann die Anzahl der erfolgreichen Inkassofälle im Verhältnis zum Ausgangswert betrachtet werden. Zum anderen erfolgt eine Betrachtung des Gesamtbetrages der beigetriebenen Forderungen im Verhältnis zum Forderungsbestand oder Umsatz.[1] Eine Quantifizierung wird dadurch möglich.

Der direkte Bezug zu Kosten oder Erlösen kann jedoch nicht hergestellt werden, weil die Notwendigkeit des Inkasso nicht durch das eigene Unternehmen sondern durch das Zahlungsverhalten der Kunden herausgefordert wird. Die Mahntätigkeit darf jedoch nicht als „notwendiges Übel" betrachtet werden. Neben den Kostenvergleichen müssen auch nicht nichtquantifizierbare Kriterien in einer Ausgliederungsentscheidung beachtet werden. Der Erfolg im Inkasso wird durch funktionsspezifisches know-how wesentlich beeinflusst und kann nicht generell durch Zahlen vergleichbar gemacht werden. Für Entscheidungen im Inkassobe-

---

[1]   Vgl. Stahrenberg, Cora: S. 55.

reich ist die Kundenbeziehung von besonderer Bedeutung. Bei einer Ausgliederungsentscheidung ist zu prüfen wie die Kundenbeziehung beeinflusst wird. In der Regel bedeutet die Ausgliederung der Inkassofunktion eine Verschärfung der Maßnahmen zur Forderungsbeitreibung. Der psychologische Druck auf den Schuldner wird erhöht. Dem Schuldner wird klar, dass jetzt auch seine Kreditwürdigkeit beeinträchtigt ist, wenn er weiterhin die Zahlung verweigert und keine gerechtfertigten Einwände vorbringen kann. Die Wirkung des Einsatzes von Inkassounternehmen oder Anwälten ist dabei umstritten.

Seitz kommt zu dem Schluss: „(...) der Auftrag an einen Anwalt ist wohl eher geeignet, laufende Geschäftsverbindungen zu zerstören und Kunden zu verärgern, als der an ein Inkassounternehmen: dieses wird mehr wie eine Mahnabteilung des Gläubigers selbst angesehen und der vernünftige Schuldner wird diese Zurückhaltung in der Wahl der Mittel positiv aufnehmen."[1]

Weitere Aspekte der Ausgliederungsentscheidung sind Kundenstruktur und Produkttiefe. Ein Unternehmen mit einem großen und anonymen Kundenkreis, wie z.B. ein Versandhandel, wird der einzelnen Kundenverbindung weniger Bedeutung zuerkennen, als Unternehmen mit einem kleinen Kundenkreis. Hier werden mehr individuelle Kontakte gepflegt. Die Ausgliederung des Inkasso wird umso eher angestrebt je weniger Wert auf zukünftige Geschäftsbeziehungen gelegt wird. Das trifft besonders auf Kunden zu, die ihre Zahlungsverpflichtungen nicht einhalten oder deren grundsätzliche Zahlungsbereitschaft fehlt.

Mit der Ausgliederung befreit sich das Unternehmen auch von einem Risiko. Beim Inkasso besteht dieses in der Qualität der Beitreibungsbemühungen. Das Risiko kann bei einer Ausgliederung reduziert werden, wobei die Gefahr einer gewissen Abhängigkeit vom externen Inkassohelfer entsteht.

Das interne Inkasso hat gegenüber dem externen Inkassohelfer einen größeren Gestaltungsspielraum für individuelle Entscheidungen, für die auch detaillierte Informationen über den Schuldner zur Verfügung stehen.

---

[1] Seitz, Walter: Materiell-rechtliche und prozessuale Probleme des Inkassorechts, in Seitz, Walter (Hrsg.): Das Inkasso-Handbuch, Recht und Praxis der Inkassounternehmen, 2.Auflage, Stuttgart 1985, S. 156.

Eine Entscheidung für eine grundsätzliche Ausgliederung der Inkassofunktion hat unternehmensstrategische Bedeutung und eine entsprechende Langzeitwirkung.

5.2. Anwaltsinkasso

Der Rechtsanwalt, als unabhängiges Organ der Rechtspflege[1], übt einen freien Beruf aus[2] und führt die Rechtsberatung der Mandanten durch. Diese Tätigkeit schließt die gerichtliche Durchsetzung von Ansprüchen sowie die Vertretung in zivilen und strafrechtlichen Prozessen ein.

„Rechtsanwälte übernehmen von Berufs wegen stets auch die Forderungseinziehung. Gegenstand ihrer Tätigkeit ist im wesentlichen die Durchführung der gesetzlich geregelten Beitreibungsmaßnahmen wie die Durchführung des gerichtlichen Mahn- und Klageverfahrens zwecks Titulierung der Forderung, der Mobiliarzwangsvollstreckung, der Lohn- und Gehaltspfändung, der Zwangsversteigerung und als letztes Mittel der eidesstattlichen Versicherung."[3]

Der Rechtsanwalt kann im Rahmen seiner Aktivitäten für einen Mandanten auch die vorgerichtliche Forderungsbeitreibung durchführen. Er wird aber erfolgsunabhängig tätig, weil bei der Beauftragung eines Anwaltes dem Wesen nach ein Dienstvertrag geschlossen wird. Grundlage sind unter anderem § 611 und § 675 BGB, wonach der Anwalt abhängige oder unabhängige Dienste in fremden Interesse zu leisten hat. In diesem Verständnis ist der Rechtsanwalt heute auch immer Dienstleister. Sein Entgelt berechnet sich nach der Bundesgebührenordnung für Rechtsanwälte (BRAGO).

Die Gebühr berechnet sich nach § 11 Abs. 1 Satz 1 BRAGO. Eine volle Gebühr ist bei einem Gegenstandswert bis 300,00 € in einer Höhe von 25,00 € zu entrichten. Die folgende Tabelle nach § 11 Abs. 1 Satz 2 BRAGO zeigt wie hoch die Gebühren bei Erhöhung des Gegenstandswertes sind.

---

[1]   Vgl. § 1 Bundesrechtsanwaltsordnung (BRAO)
[2]   Ebenda
[3]   Ohle, Cartsen D.: S.13.

Tabelle 12: Gebührentabelle zum § 11 BRAGO

Die Gebühr erhöht sich bei einem Gegenstandswert bis ... €	für jeden angefangenen Betrag von weiteren ... €	um ... €
1500	300	20
5000	500	28
10000	1000	37
25000	3000	40
50000	5000	72
200000	15000	77
500000	30000	118
über 500000	50000	150

Die Gebühren orientieren sich an der Höhe der Forderung. Der Bearbeitungsaufwand bleibt unberücksichtigt. Dem Schuldner werden Gebühr und Auslagen belastet.

„Für das ausgliedernde Unternehmen hat dies den Vorteil, dass der Erlös aus den Inkassobemühungen nicht durch eine erfolgsabhängig zu zahlende Provision geschmälert wird."[1]

In der Vergangenheit war die Übernahme von Mandanten zur Forderungsbeitreibung eher gering. Massenaufträge der Mandanten mit oft kleinen Streitwerten und die Beitreibung ausgeklagter Forderungen, also nachgerichtliche Aktivitäten, erscheinen Rechtsanwälten auf Grund des relativ geringen Gebührenaufkommens oft uninteressant. Hinzu kommt, dass die Gebühren für Mandate mit geringem Streitwert oftmals nicht einmal kostendeckend sind. Die Übernahme solcher Aufträge erfolgt oft nur dann, wenn es sich bei dem Auftraggeber um einen ständigen Mandanten handelt. Ein Kostenausgleich kann dann durch andere Aufträge, z.B. Rechtsberatung, herbeigeführt werden.

Die Bearbeitung einer großen Anzahl Forderungen bedingt in der Regel organisatorische, technische und personelle Voraussetzungen, die mit nicht unerheblichen Kosten verbunden sind. Die Tätigkeit eines Rechtsanwaltes ist also eher

---

[1] Stahrenberg, Cora: S.14.

auf die Bearbeitung strittiger und komplizierter Fälle ausgerichtet als auf das Massengeschäft des Forderungsinkassos.

Gegenwärtig sind in Deutschland über 100000 Rechtsanwälte zugelassen und es werden mehr. Die sich entwickelnde Konkurrenz und die ständig steigenden Außenstände bei vielen Unternehmen führen dazu, dass immer mehr Rechtsanwälte den Forderungseinzug ihrer Mandanten übernehmen. Diese Forderungen sollten auch schnell und zuverlässig beigetrieben werden.

Unterschiede in der Qualität der Tätigkeit der Anwälte sind durchaus möglich. Es ist für den Gläubiger nicht immer einfach den wirklich geeigneten Anwalt zu finden. Die Suche kann sehr zeitaufwendig werden. Die Bezeichnung „Fachanwalt" gibt es für dieses Tätigkeitsgebiet nicht. Ein offenes klärendes Gespräch zu Beginn der Zusammenarbeit sollte unbedingt stattfinden. Das ist besonders dann wichtig, wenn regelmäßig eine größere Anzahl von Inkassofällen zur Bearbeitung kommt.

Für eine schnelle und erfolgreiche Bearbeitung sollten einige Voraussetzungen in der Kanzlei des Anwalts, z.B. Personalcomputer mit entsprechender Software, die auch den Datenträgeraustausch realisiert und dafür geschultes Personal, vorhanden sein.

Der Vorteil der Zusammenarbeit mit einem Rechtsanwalt liegt darin, dass bei einer Überleitung des außergerichtlichen Forderungseinzugs in das gerichtliche Mahn- oder Klageverfahren bis zu einer möglichen Vollstreckung, die Verantwortung bei einer Person, beim Rechtsanwalt, liegt. Eine dadurch mögliche Zeitersparnis ist von großem Nutzen.

Der Vergütungsanspruch des Anwaltes für die außergerichtliche Tätigkeit soll an folgendem Beispiel gezeigt werden.

Beispiel:
Für die Berechnung wird ein Streitwert von 2500,00 € angenommen.

Nach § 118 Abs. 1 Satz 1 BRAGO kann der Anwalt fünf Zehntel bis zehn Zehntel der vollen Gebühr verlangen. Für die Auslagen nach § 26 Satz 2 BRAGO kann der Anwalt pauschal fünfzehn vom Hundert der gesetzlichen Gebühr beanspruchen. Die Umsatzsteuer regelt § 25 Abs. 2 BRAGO.

Kostenrechnung

10/10 Geschäftsgebühr, § 118 Abs. 1 Satz 1	161,00 €
+ Auslagenpauschale, § 26	24,15 €
Zwischensumme	185,15 €
+ 16% Mehrwertsteuer, § 25 Abs. 2	29,62 €
Rechnungsbetrag	214,77 €

Bei einem Ansatz von fünf Zehntel der vollen Gebühr ergibt sich ein Rechnungsbetrag von 107,39 € für die o.g. Forderungssumme. Weitere Kosten entstehen für die Anzeige der Bevollmächtigung. Bei diesen nicht unerheblichen Kosten sollte der Gläubiger auch nach Alternativen suchen.

5.3. Inkassounternehmen

Inkassounternehmen oder Inkassobüros, eine Bezeichnung die man häufig antrifft, sind kaufmännisch geführte Gewerbebetriebe in unterschiedlichen Rechtsformen. Sie sind, im Gegensatz zu Rechtsanwälten, keine Organe der Rechtspflege. Die Tätigkeit hingegen, „die geschäftsmäßige Einziehung fremder oder zu Einziehungszwecken abgetretener Forderungen"[1], wird der Rechtsbesorgung zugerechnet. Für diese Tätigkeit ist eine Inkassoerlaubnis entsprechend dem Rechtberatungsgesetz § 1, notwendig. Diese Erlaubnis beschränkt die Tätigkeit auf die außergerichtliche Einziehung von Forderungen. Die Inkassounternehmen bedienen sich dabei der gleichen Methoden, die auch beim betrieblichen Inkasso angewendet werden.

Die Tätigkeit der Inkassounternehmen kann damit folgende Aufgaben umfassen:[2]

- Einzug kaufmännisch ausgemahnter, noch nicht ausgeklagter und vom Schuldner nicht bestrittener Forderungen

---

[1] Stahrenberg, Cora: S. 16.
[2] Vgl. Ohle, Carsten D.: S. 17.

- Erwirkung der Titulierung einer Forderung durch Vermittlung von Rechtsan wälten oder Rechtsbeiständen zur Durchführung des gerichtlichen Verfahrens

- Beitreibung gerichtlich festgestellter Forderungen, welche die Beauftragung von Rechtsanwälten zur Durchführung von Zwangsvollstreckungen einschließt

- Durchführung von Überwachungsverfahren von vorübergehend uneinbringlichen Forderungen

Darüber hinaus bieten Inkassounternehmen auch den Ankauf von Forderungen und die Debitorenbuchhaltung an.

In der Praxis hat sich die Verbindung von Inkassounternehmen und Wirtschaftsauskunfteien als besonders zweckmäßig erwiesen. Beide Dienstleistungen sprechen nicht nur die gleichen Kunden an sondern stehen auch in wechselseitiger Beziehung. Wirtschaftsauskunfteien prüfen die Kreditwürdigkeit der gewünschten Firmen während das Inkasso den Forderungseinzug vornimmt.

Inkasso nutzt die Kenntnisse über den Schuldner aus der Datenbank und kann ggf. aus Daten über die Abwicklung vorheriger Inkassofälle mit dem Schuldner auch die Durchführung der Mahnaktivitäten festlegen. Adress- und Aufenthaltsfeststellungen können veranlasst werden. Die Auskunftei erhält aktuelle Hinweise über das Zahlungsverhalten und die derzeitige finanzielle Beweglichkeit des Schuldners. Die Kopplung der Dienstleistungsbereiche ist insbesondere bei überregional arbeitenden Unternehmen dieser Branche fast immer anzutreffen.

Für die Durchführung des Inkassos erteilt das ausgliedernde Unternehmen dem Inkassobüro einen Inkassoauftrag. Es handelt sich nach § 675 BGB rechtlich um einen entgeltlichen Geschäftsbesorgungsvertrag. Aus diesem Vertrag schuldet das Inkassounternehmen jedoch nicht den Erfolg sondern die Aktivität zum Einzug der Forderung. Der Inkassoauftrag kann entweder Inkassovollmacht oder eine Inkassozession beinhalten.[1]

Durch eine Inkassovollmacht handelt das Inkassounternehmen nicht im eigenen Namen, sondern in dem des Gläubigers. Das beauftragende Unternehmen bleibt Gläubiger der Forderung. Somit kann der Schuldner mit befreiender Wirkung

---

[1] Vgl. Seitz, Walter : S.51 f.

auch direkt an den Gläubiger zahlen. In der Praxis verpflichtet sich aber das ausgliedernde Unternehmen auf Beitreibungsversuche zu verzichten.

Durch die Inkassozession wird das Inkassounternehmen neuer Inhaber der Forderung. Im Verhältnis gegenüber dem Schuldner, Außenverhältnis, erwirbt das Inkassounternehmen alle Rechte. Im Innenverhältnis, gegenüber dem Auftraggeber, hat es nur die Rechte eines Beauftragten und ist zur Herausgabe des Inkassoerlöses verpflichtet. Man nennt dieses Verfahren auch fiduziarische Abtretung. Es dient der Legitimation des Inkassounternehmens zum Forderungseinzug im eigenen Namen. Das ausgliedernde Unternehmen kann vom Schuldner keine Zahlung mehr verlangen. Dieser kann mit schuldbefreiender Wirkung nur noch an das Inkassounternehmen zahlen. Welcher Verfahrensweg zwischen dem ausgliedernden Unternehmen und dem Inkassounternehmen gewählt wird und die Beurteilung der Vor- und Nachteile hängt vom Einzelfall bzw. von grundsätzlichen Fragen der Ausgliederung und den Erfolgsaussichten ab. Mit der Ausgliederungsentscheidung entsteht für das Unternehmen ein Risiko. Dieses Risiko besteht in der Bonität des Inkassounternehmens. Es gibt unseriöse Unternehmen. Diese arbeiten ohne Genehmigung und fallen durch ihre Methoden negativ auf. Die Auswahl des geeigneten Inkassounternehmens muss deshalb sehr sorgfältig erfolgen. Um Risiken vorzubeugen sollte zunächst die Vorlage der Inkassoerlaubnis des zuständigen Amts- oder Landgerichtspräsidenten verlangt werden.

In der Inkassobranche sind ca. 600 Unternehmen tätig. Zum Entscheidungskriterium der Auswahl eines Unternehmens sollte auch die Mitgliedschaft im Bundesverband Deutscher Inkassounternehmen e.V. (BDIU), Hamburg, gehören. Der BDIU hat Grundsätze der Berufsausübung von Inkassounternehmen entworfen. Diese enthalten Richtlinien zum Verhalten in der Beziehung zum Schuldner und zum Mandanten. Die ca. 450 Mitglieder im BDIU haben sich diesen Grundsätzen unterworfen. Der BDIU hat es sich zum Ziel gemacht die Einhaltung dieser Richtlinien zu überwachen und sowohl gegen Missstände bei Mitgliedsunternehmen vorzugehen als auch Gesetzesverstöße auf dem Gebiet der Rechtsberatung zu bekämpfen.

Die Vielzahl der am Markt tätigen Inkassounternehmen bedingt, dass die Kunden mit einer Vielzahl von Versprechen über den Erfolg umworben werden.

In den Veröffentlichungen der Inkassounternehmen selbst, wie z.B. Jahresberichten, werden nicht selten Erfolgsquoten von 80% genannt. Dieser Anspruch und die Realität sollten unbedingt hinterfragt werden.

Frau Dr. Cora Stahrenberg[1] untersuchte Anfang der 90iger Jahre die Effektivität der externen Forderungsbeitreibung durch Inkassounternehmen. Es wurden insgesamt 14 Unternehmen und 2439 bearbeitete Inkassoeinzelfälle untersucht. Die Ergebnisse sind in der Dissertation aus dem Jahr 1995 dargestellt und es werden fünf wesentliche Kriterien für die Beurteilung herausgearbeitet.

1. Die Reaktionsquote: Auf die Mahnungen von Inkassounternehmen reagieren etwa 60% aller Schuldner. Diese Quote muss als recht beachtlich eingeschätzt werden, da die Gläubiger bereits eigene Aktivitäten zur Forderungsbeitreibung durchführten und die an das Inkassounternehmen übergebenen Forderungen oft erfolglos bearbeitet wurden. Die Reaktionsquote sagt aber noch nichts darüber aus, ob diese Schuldnerreaktionen auch sofort in Zahlungen umgewandelt wurden.

2. Die Erfolgsquote: Die Erfolgsquote wird unterschieden in die stückorientierte und die wertorientierte Erfolgsquote. Bei einer stückorientierten Erfolgsquote von 50%, welche die Mehrzahl der Inkassounternehmen erreichen, werden also die Hälfte der Schuldner außergerichtlich zu einer Zahlung veranlasst. Die wertorientierte Erfolgsquote liegt unter 50%. Das liegt an der Anrechnung der eingehenden Zahlungen, die zu einem großen Teil zunächst auf Kosten und Zinsen erfolgen, bevor auf die Hauptforderung angerechnet wird.

3. Die Vollzahlungsquote: Die Vollzahlungsquote sagt aus, wieviel Schuldner vorgerichtlich alle Forderungen gezahlt haben. Die Anzahl der Schuldner, die mit einer Einmalzahlung ihre Schulden beglichen haben liegt bei 20% bis 40%. Der Anteil der Schuldner, die mit mehreren Teilbeiträgen die Forderung vollständig beglichen haben, schwankt zwischen 5% und 15%. Die Ergebnisse sind beachtlich, wobei der Einmalzahlung die größere Bedeutung zukommt. Diese wird aber mehr im Bereich kleiner bzw. mittlerer Forderungen realisiert.

4. Die Teilzahlungsquote: In der Teilzahlungsquote werden alle die Schuldner erfasst, deren Zahlungen nicht ausreichten um den vollen Ausgleich der Forderung im vorgerichtlichen Mahnverfahren zu erreichen. Der Wert liegt zwischen

---

[1]   Vgl. Stahrenberg, Cora: S. 133 ff.

9% und 19,8%. In diesem Wertebereich befindet sich eine relativ große Gruppe zahlungswilliger Schuldner. Dieses Potenzial konnte aber durch die Inkassounternehmen nicht entsprechend umgesetzt werden. Eine wesentliche Ursache dafür liegt in der generell schlechten Zahlungsmoral vieler Schuldner.

5. Die Mahnbescheidsquote: Ein Mahnbescheid musste beantragt werden, unabhängig von Reaktionen oder geleisteten Teilzahlungen des Schuldners. Der Zeitraum bis zur Beantragung beträgt durchschnittlich drei bis vier Monate. Die Quote liegt bei 50% und zeigt, dass die Hälfte der Inkassofälle außergerichtlich abgeschlossen werden konnte.

Um Erfolg und Seriösität des Inkassounternehmens zu prüfen sollte auch nach Referenzen gefragt werden. Ein Unternehmen, das langjährig und seriös tätig ist, wird Referenzadressen benennen. Werden diese mit dem Hinweis auf die Kundenbeziehungen verweigert, sollten keine weiteren Kosten und Zeit in das Auswahlverfahren bei diesem Unternehmen investiert werden.

Ein weiteres Auswahlkriterium sind die Kosten der Inkassounternehmen. Die Unternehmen unterliegen keiner Gebührenordnung. Die Konditionen sind sehr unterschiedlich und die Vergütung kann frei ausgehandelt werden. Verschiedene Konditionenmodelle sind möglich.

1. Die Vergütung erfolgt nach einem festen %-Satz der Forderungssumme. Dabei kann die Erfolgsprovision u.U. 20% erreichen.

2. Für die Bearbeitung der Inkassofälle sind Bearbeitungsgebühren entsprechend der Forderungshöhe festgelegt. Diese sollen beispielhaft in der folgenden Tabelle dargestellt werden.

Tabelle 13: Bearbeitungsgebühren von Inkassounternehmen

Forderungshöhe in € bis...	Bearbeitungsgebühr in €
100	15
200	17
300	25
500	50
750	65
1000	100
1500	120
2000	150
3000	175

4000	250
5000	300
7500	400
10000	500

Für jeden weiteren konstanten Erhöhungsbetrag der Forderung werden die Bearbeitungsgebühren um einen konstanten Betrag erhöht. Für jede Erhöhung der Forderung um 250,00 € werden zusätzliche Gebühren von 5,00 € je angefangenen Erhöhungsbetrag fällig.

3. Eine Vergütung kann mittels Einmalgebühr und einer Erfolgsprovision erfolgen. In dieser Kombination ist die Einmalgebühr eine fixe Größe, sogenannte Beauftragungskosten. Die Erfolgsprovision kann gestaffelt sein und beträgt etwa 5% auf die eingehenden Gelder. Bei schwierigen Fällen kann die Erfolgsprovision auch 7,5% betragen. Das ist immer dann der Fall, wenn der Schuldner eine eidesstattliche Versicherung über seine Vermögensverhältnisse abgegeben hat, gegen ihn eine Haftanordnung vorliegt, der Schuldner unbekannt verzogen ist und der Forderung kein eindeutiges Vertragswerk vorausgeht.

Beispiel:

Bei einer Forderungshöhe von € 2500,00 können in diesem Fall bei € 18,00 Beauftragungsgebühren und 5% Provision im Erfolgsfall Kosten von € 143,00 entstehen.

Die Erfolgprovision ist die Honorierung der Aktivität eines Inkassounternehmens. Aus diesem Sachverhalt resultiert oft das größere Engagement mit verschiedenen Methoden auf den Schuldner einzuwirken, um ihn zur freiwilligen Zahlung zu bewegen.

Weitere Fixkosten pro Jahr, durch andere individuelle Vertragsbestandteile, müssen auch hier wieder auf die Anzahl der Transaktionen verteilt werden.

Alle Inkassounternehmen sichern sich im Vertrag eine feste Vergütung falls der Gläubiger das Inkassoverfahren vorzeitig abbricht oder eigenmächtige Vergleiche mit dem Schuldner schließt. Beim Übergang in ein strittiges Verfahren, welches durch Vertragsanwälte der Inkassounternehmen geführt wird, entstehen weitere Kosten nach BRAGO und dem Gerichtskostengesetz. Alle eingehenden Gelder werden nach § 367 BGB erst gegen Kosten, dann auf die Zinsen und zuletzt auf die Hauptleistung angerechnet.

Inkassounternehmen werden nicht immer zu 100% erfolgreich sein. Bei der Entscheidung für ein Unternehmen muss gefragt werden welche Kosten bei Nichterfolg durch den Gläubiger zu zahlen sind. Es gibt sehr unterschiedliche Regelungen. Eine Vergütung kann durch eine %-Satz-Regel in Abhängigkeit von der Forderungssumme erfolgen. Andere Unternehmen vereinbaren eine feste sogenannte „Negativpauschale", die unabhängig von der Forderungshöhe anfällt, zuzüglich anderer Auslagen. Diese sollten in der Abrechnung eindeutig bezeichnet und ausgewiesen sein. Negativpauschalen von € 40,00 sollten angemessen sein. Eine Schlussrechnung als Beispiel sollte jedes Inkassounternehmen vor Vertragsschluss vorlegen können.

Besonders wichtig für den Gläubiger sind Informationen über den Fortgang im Bearbeitungsverfahren. Der sogenannte Sachstand zeigt die Aktivitäten des Inkassounternehmens und die Schuldnerreaktionen als Ergebnis. Die Sachstandsabfrage ist eine Möglichkeit die Qualität des Unternehmens zu überwachen. Im Online-Verfahren mit dem Unternehmen sollten solche Abfragen zu jeder Zeit möglich sein. Moderne Inkassoprogramme können als Ausdruck oder auf Datenträger aktuell die notwendigen Daten zur Verfügung stellen. Die letzten Zweifel am Inkassounternehmen können auch mit einem „Probeinkasso" ausgeräumt werden. Mit der Übergabe einiger Forderungen zur Einziehung können Aktivitäten, Erfolg und Abrechnung getestet werden.

Beim Entschluss ein Inkassounternehmen zu beauftragen sollen für den Inkassofall folgende Voraussetzungen erfüllt sein:

1. Die Forderung ist berechtigt.

2. Der Schuldner kann durch Vertrag/Unterlagen eindeutig bestimmt werden.

3. Der Schuldner muss durch Mahnung eindeutig in Verzug sein.

4. Die Forderung muss unstrittig sein.

Die Beachtung dieser Voraussetzungen beschleunigt nicht nur das Inkassoverfahren, es verhindert auch zusätzliche Kosten.

Die Möglichkeit Forderungen durch Inkassounternehmen beitreiben zu lassen hat Vor- und Nachteile.

Vorteile:
Die Inkassounternehmen arbeiten professionell und werden erfolgsabhängig vergütet. Bei Nichterfolg ist nur eine geringe Mindestvergütung fällig.

In Verbindung mit einer Auskunftei werden Schuldner bedingt öffentlich gemacht, der Druck auf sie erhöht sich, ihre Kreditwürdigkeit leidet und die Zahlungsbereitschaft kann somit erhöht werden.

Die Ausgliederung der Inkassotätigkeit kann Kosten eigener Mahnaktivitäten ersparen und die Mitarbeiter können für die eigentlichen betrieblichen Aufgaben eingesetzt werden. Der Verzugsschaden, insbesondere Mahnkosten, kann durch Inkassounternehmen in viel größerer Höhe gegenüber dem Schuldner geltend gemacht werden.

Nachteile:

Inkassounternehmen arbeiten in unterschiedlicher Qualität und das Auswahlverfahren kann sehr zeit- und kostenaufwendig sein. Mit der Beauftragung verliert der Gläubiger den Kontakt zum Schuldner, da dass Inkassoverfahren ab Beauftragung weitere Aktivitäten des Gläubigers ausschließt. Die Inkassokosten, die nicht beim Schuldner beitreibbar sind, können ggf. dem Gläubiger belastet werden. Es sind die Kosten des Inkassobüros , die der Schuldner nicht als Verzugsschaden ersetzt. Die Urteile der Gerichte dazu sind sehr differenziert. Bei „böswilligen" Schuldnern, die zahlungsunwillig sind, entsteht u.U. ein nicht unerheblicher Zeitverlust, wenn das Inkassounternehmen erfolglos ist.

Tabelle 14: Checkliste zur Auswahl von Inkassounternehmen

Checkliste Inkassounternehmen
- Inkassoerlaubnis
- Mitgliedschaft im Bundsverband Deutscher Inkassounternehmer
- Vergütung
- Kostenvergleich
- Referenzadressen
- Probeinkasso
- Abrechnungsmodalitäten mit Beispielrechnung
- Vertragskündigung

Bei allen Vorteilen der Ausgliederung des betrieblichen Mahnwesens an ein Inkassounternehmen sollten andere Alternativen nicht unbeachtet bleiben.

5.4. Private Kreditversicherung

Die Insolvenzentwicklung ist mehr und mehr dadurch gekennzeichnet, dass viele Insolvenzen oft überraschend auftreten. Der Schutz vor Forderungsausfällen gewinnt Priorität für die Sicherung von Ertrag und Liquidität. Die Schaffung eines zuverlässigen Informationsmanagements übersteigt die Möglichkeiten kleiner und mittlerer Unternehmen. Die Kosten dafür wären zu groß. Eine wirksame Vorsorge gegen Forderungsausfälle kann mit einer Kreditversicherung geschaffen werden. Gegen eine Versicherungsprämie übernimmt der Versicherer nicht nur den Schutz vor Forderungsausfällen. Er prüft auch die Bonität der Kunden und einige Versicherer führen dazu auch Inkasso durch.

Beim Forderungsausfall zahlt die Versicherung die Schulden des zahlungsunfähigen Kunden, bei Insolvenzverfahren, bei erfolgloser Zwangsvollstreckung oder bei erheblichen Zahlungsverzug. Die Versicherung zahlt aber nicht den kompletten Forderungsausfall, sondern nur 70-75 Prozent. Dazu kommt die Rückerstattung der Mehrwertsteuer durch die Finanzämter, bei Insolvenz. Der Schaden mindert sich auf 26% bzw. 22%, auch wenn der Ärger bleibt und die Zinsen verloren sind. Inkassokosten können kaum eingespart werden.

Diese Konditionen der Versicherer entbinden den Unternehmer somit nicht von seiner kaufmännischen Sorgfaltspflicht. Das ist insbesondere dann der Fall, wenn Entscheidungen unterhalb der Anbietungsgrenze im Unternehmen getroffen werden. Diese Anbietungsgrenze liegt in Abhängigkeit vom Versicherer zwischen 10000,00 € und 25000,00 €. Bis zur Anbietungsgrenze werden Lieferantenkredite ohne Prüfung durch den Versicherer mit einer sogenannten Pauschaldeckung versichert. Dafür sind in den Verträgen gesonderte Bedingungen festgeschrieben oder es wird vom zu versichernden Unternehmen verlangt, eine positive Wirtschaftsauskunft über den Kunden einzuholen. Die Versicherer favorisieren dabei unterschiedliche Auskunfteien. Die Hermes Kreditversicherungs-AG arbeitet mit Auskünften von Bürgel und Creditreform, während die Gerling Konzern Speziale Kreditversicherungs-AG mit Auskünften von Dun&Bradstreet und Creditreform arbeitet. Die Versicherer legen bestimmte Limitintervalle fest für die ein bestimmter Bonitäts- oder Scoringindex gefordert wird.

Beispiel:

Die Gerling Konzern Speziale Kreditversicherungs-AG verlangt für die Versicherung eines Lieferantenkredites bis 12500,00 € einen Bonitätsindex von Creditreform für den zu versichernden Kunden von 100-360.

Die folgende Tabelle zeigt die Limitintervalle und die Bonitätsindizes von Creditreform sowie die Scoringindizes von Dun&Bradstreet für die Versicherung durch Gerling.

Tabelle 15: Zusammenhang von Limitintervall und Bewertungsindex

Limitintervall in T€	Bonitätsindex von Creditreform	Scoringindex von Dun&Bradstreet
0 bis 12,5	100 - 360	5 – 100
12,5 bis 25	100 - 300	10 – 100
25 bis 50	100 - 290	20 – 100
50 bis 75	100 - 270	30 – 100

Die Verträge mit den Versicherern bestimmen, ab welcher Versicherungssumme die Versicherer selbst prüfen und mit einer eigenen Auskunft die gewünschte geschäftliche Beziehung versichern. Die versicherten Unternehmen sparen hierdurch Kosten für eine Bankauskunft, eine Auskunft einer gewerblichen Auskunftei und weitere Kosten eines eigenen Informationsmanagement, bezogen auf die Anzahl der Debitoren.

Die Versicherer bieten verschiedene Policen mit unterschiedlichen Kombinationsmöglichkeiten an. Der Versicherungsschutz kann somit individuell dem Unternehmen angepasst werden. Dabei muss beachtet werden, dass einige Branchen, die ein erhöhtes Risiko darstellen, nicht versichert werden. Bei aller Vielfalt der Angebote ist es möglich verschiedene Risiken zu versichern.

Der Warenkredit schützt die kurzfristigen Forderungen aus Warenlieferungen und Leistungen gegen die Zahlungsunfähigkeit der Schuldner.

Der Ausfuhrkredit sichert Exporteure im Auslandsgeschäft. Politische Risiken versichert nur die Hermes Kreditversicherungs-AG.

Mit dem Investitionsgüterkredit werden die Risiken aus Verkäufen von Maschinen und Anlagen im In- und Ausland versichert.

Die Kautionen der Versicherer mittels Bürgschaften und Garantien zugunsten der Gläubiger im In- und Ausland, dienen dem Schutz der Sicherstellung gesetzlicher und vertraglicher Verpflichtungen.

Durch die Absicherung von Vertrauensschäden werden die Unternehmen gegen Vermögensschäden geschützt, die durch Veruntreuungen der Mitarbeiter entstehen. Mit Zusätzen können auch Risiken durch Computer- bzw. Datenmissbrauch geschützt werden.

Das alles hat seinen Preis. Die Versicherungskonzepte können nicht pauschal miteinander verglichen werden, weil sie sich nach Unternehmen und Branche unterscheiden. Standardangebote orientieren sich am Umsatz und werden bis zu einer Umsatzhöhe von 2 000 000,00 € angeboten. Bei einem Jahresumsatz von € 500 000,00 können Prämien von 2000,00 € bis 2600,00 € entstehen.

Die Kreditversicherung ist mit ihrem Leistungsspektrum ein wirksames Mittel zum Schutz gegen Forderungsausfälle. Sie fordert gleichzeitig einen Debitorencheck um die Unternehmen auszuschließen, die schlechte Zahler sind und fördert damit die Risikominimierung.

Restrisiken bleiben bestehen und es entstehen Kosten für die Beitreibung dieser Forderungen, wenn sie nicht durch das Inkasso des Kreditversicherers beigetrieben werden.

Eine Alternative ist Factoring mit der darin integrierten Dienstleistung des Inkassos.

5.5. Factoring

Factoring ist eine vielseitige Finanzdienstleistung, bei dem ein Factoringinstitut, von seinen Factoringkunden Geldforderungen aus Warenlieferungen und Leistungen ankauft und die Rechnungsbeträge unter Abzug eines Prozentsatzes sofort auszahlt.

Das Factoring hat damit zunächst eine Finanzierungsfunktion. Die Forderungen als Vermögensposition werden durch einen Dritten finanziert. Durch eine zeitlich vorgezogene Auszahlung der Rechnungsbeträge werden die in den Forderungen gebundenen Vermögenspositionen in liquide Mittel umgewandelt.

Das Factoringinstitut (der Factor) behält ca. 10-20% des Kaufpreises als Sicherungseinbehalt. Dieser wird einem Sperrkonto gutgeschrieben, um Ansprüche des Kunden gegen die angekaufte Forderung, Skontoabzug, Retouren und Preisnachlässe wegen Mängelrügen, zu befriedigen.

Für die Auszahlung, des vor Fälligkeit der Forderung, gezahlten Kaufpreises ist ein Entgelt, die Factoringgebühr, zu entrichten. Diese Zinsen entsprechen den banküblichen Kontokorrentzinsen. Die Laufzeit wird bis zum Zahlungseingang der ausstehenden Forderung berechnet. Das macht Factoring teuer. Nach erfolgtem Zahlungseingang oder nach vereinbarten Fristablauf kommt auch der Sicherungseinbehalt zur Auszahlung und der Factoringkunde erhält somit 100% des in der Rechnung ausgewiesenen Rechnungsbetrages zurück. Der Factoringkunde erlangt einige Vorteile für seine Liquidität. Das Unternehmen kann seinen Kunden größere Zahlungsziele einräumen und Wettbewerbsvorteile nutzen. Die größeren Zahlungsziele erhöhen aber die Zinsen für die Finanzierung. Das Unternehmen gewinnt aber finanzielle und zeitliche Handlungsspielräume. Die Vorteile beim Einkauf, Skonti und Rabatte, können genutzt werden. Die finanzielle Position wird gestärkt und die Bilanzstruktur kann verbessert werden.

Der Factor übernimmt zwei weitere Funktionen. Diese Funktionen sind sehr wichtig für eine mit dem Factoring verbundene Ausgliederung eigener Funktionsbereiche, insbesondere dem Inkasso, aus dem Unternehmen.

Der Factor übernimmt mit der Delkrederefunktion das Ausfallrisiko, das Risiko der Uneinbringlichkeit der Forderung.

Die Dienstleistungsfunktion umfasst das Debitorenmanagement, also die Debitorenbuchhaltung, das Mahnwesen, das Inkasso, die Beratung und die regelmäßige Bonitätsprüfung der Unternehmen mit denen der Factoringkunde zusammenarbeitet. Das Factoringentgelt ist der Preis für die Übernahme des Ausfallrisikos und des Debitorenmanagements und ist zusätzlich zum Zins zu entrichten. Die Höhe des Factoringentgeltes richtet sich nach Risiko und Arbeitsaufwand und kann zwischen 0,8 und 2,5% betragen. Berechnungsgrundlage ist der angekaufte Bruttoforderungsbestand. Der Factor deckt damit aber das Ausfallrisiko zu 100% ab. Der Factoringkunde kann, entsprechend Vertragsgestaltung, spätestens 90 bis 120 Tage nach Fälligkeit, über den gesamten Forderungsbetrag verfügen.

Damit sich die Gefahr von Verlusten aus uneinbringlichen Forderungen verringert, wird der Factor alle Forderungen seines Factoringkunden, also auch die mit sehr geringem Uneinbringlichkeitsrisiko, übernehmen. Ein Risikoausgleich wird angestrebt. Der Factor beschränkt sich nicht auf die Einziehung notleidender Forderungen.

Die Kunden des Factors sind mittelständische Unternehmen bestimmter Branchen und mit entsprechenden Umsätzen. Der Factor wird die Branchen ausschließen, die mit hohem Risiko behaftet sind. Der Factoringkunde muss garantieren, dass die Leistungen voll erbracht sind. Forderungen mit nachträglichen Korrekturen sind nicht zum Factoring geeignet. Der Umgang mit strittig gewordenen Forderungen sollte im Vertrag mit dem Factor eindeutig geregelt sein. Das ist auch für den Insolvenzfall eines Kunden notwendig. Für mögliche Rückzahlungen müssen klare Absprachen getroffen sein. Die Höhe der Rechnungssummen für die Einzelrechnung kann vertraglich festgelegt werden, ebenso die Höhe der Ankauflimite.

Die Dienstleistungsfunktion des Factors ist sehr umfangreich und es besteht für viele Unternehmen die Möglichkeit, eigene Funktionsbereiche, wie das Inkasso, auszugliedern. Die Ausgliederung unternehmenseigener Funktionsbereiche zum Factor ist vorteilhaft, wenn die Einsparungen im Verwaltungsbereich und die Aufwendungen zur Risikominimierung durch die Aufwendungen für den Factor wenigstens ausgeglichen werden. Qualitative Vorteile, wie bei Ausgliederung an ein Inkassounternehmen, können diesen Vorteil verstärken. Diesen Vorteilen steht gegenüber, dass individuelle Wünsche im Umgang mit den Kunden kaum berücksichtigt werden. Die Auslagerung von Funktionsbereichen bedingt eine starke Abhängigkeit vom Factor, die u.U. nachteilig sein kann. Bei Unstimmigkeiten ist die Rücknahme der Funktionen in das Unternehmen mit sehr hohen Kosten verbunden, um schnell und mit der notwendigen Qualität die eigenen Funktionsbereiche wieder herzustellen. Trotzdem sollte diese Variante der Ausgliederung des Inkassos in mögliche Überlegungen einbezogen werden, um die Vorteile des Factoring umfassend zu nutzen. Die Ausgliederung der Debitorenbuchhaltung und des Mahnwesens entlastet und spart Personal- und Sachkosten. Die Bonitätsprüfungen des Factors sichert den Unternehmen zuverlässige Informationen über ihre Kunden und trägt dazu bei, den Kundenstamm vorteilhafter zu strukturieren. Das Zahlungsverhalten wird verbessert.

Zur Realisierung des Factorings können verschiedene Formen angewendet werden:

- Full-Service-Factoring: Standardfactoring mit umsatzkongruenter Finanzierung, 100% Risikoabsicherung und vollständigem Debitorenmanagement

- Online-Factoring: Anwendung der Datenübertragungstechnik

- Export-/Import-Factoring: Beim Exportfactoring nutzen inländische Unternehmen einen Factor in Deutschland für ihre Exportgeschäfte. Das Importfactoring wird von ausländischen Unternehmen mit einem Factor in Deutschland durchgeführt, wenn es sich um Importgeschäfte handelt.

- Echtes/Unechtes Factoring: Echtes Factoring ist Standardfactoring. Unechtes Factoring schließt die Übernahme des Ausfallrisikos aus.

- Fälligkeits-Factoring: Factoringkunde nutzt die Vorteile der vollständigen Risikoabsicherung und des Debitorenmanagements. Verzicht auf die sofortige Regulierung des Kaufpreises.

- Inhouse-Factoring: Eigenservice- oder auch Bulk-Factoring. Factoringkunde nutzt Finanzierung und Risikoabsicherung. Er verzichtet auf die Dienstleistung.

- Offenes/Stilles Factoring: Beim offenen Factoring wird der Debitor über den Forderungsverkauf informiert und aufgefordert, an den Factor zu zahlen. Stilles Factoring verzichtet auf die Offenlegung der Forderungsabtretung.

In Deutschland gibt es mehrere Factoring-Anbieter. Einige Factoringinstitute haben sich in einem Verband zusammengeschlossen. Deutscher Factoring-Verband e.V., Große Bleiche 60-62, 55116 Mainz. Über das Internet unter der Adresse www.factoring.de können nähere Informationen abgerufen werden.

Interessierte Unternehmen können prüfen lassen, ob sie für Factoring geeignet sind.

Bei allen Vorteilen muss auf ein Problem genannt werden. Factoring kann teuer sein. Das folgende Beispiel kann die Kosten nicht im Detail darstellen, soll aber den Sachverhalt aufzeigen.

Beispiel:

Bei einer Factoringgebühr von 2,5% hat ein Unternehmen mit einem Umsatz von 500000,00 € Fixkosten von 12500,00 € pro Jahr. Es sei eine Einzelrechnung von 2500,00 € dem Factor verkauft, die nach 90 Tagen zu 100% ausgezahlt ist. Das Zahlungsziel beträgt 30 Tage. Der Sicherungseinbehalt beträgt 20% der Rechnungssumme. Es sei unterstellt, dass bei o.g. Umsatz und der durchschnittlichen Forderungshöhe von 2500,00 € pro Rechnung, insgesamt 200 Rechnungen pro Jahr erstellt werden. Für die Einzelrechnung entsteht eine

Factoringgebühr von 62,50 €. Bei einem angenommenen Kontokorrentzins von 11,75% p.a. entstehen noch einmal Zinskosten von 28,98 € für diese Einzelrechnung. Die Gesamtkosten betragen hier 91,48 €.

Ein direkter Vergleich zu Inkassokosten kann nicht hergestellt werden, weil nicht jede Forderung durch Inkasso beigetrieben werden muss. Ein Jahresvergleich der Kosten kann die Grundlage für eine Entscheidung über die Ausgliederung des Inkassos sein.

Die Factoringkosten bringen einen steuerlichen Vorteil. Die Zinsen sind als Betriebsausgabe vollständig absetzbar. Im Gegensatz dazu sind Bankzinsen als Dauerschuldzinsen nur zur Hälfte bei der Gewerbesteuer abzugsfähig. Die Factoringgebühr selbst ist ebenfalls vollständig als Betriebsausgabe abzugsfähig.

Factoring kann mit seinen Dienstleistungen als Alternative zum betrieblichen Inkasso angewendet werden.

Tabelle 16: Funktionsvergleiche externer Inkassohelfer

Funktionen	externe Inkassohelfer		
	Factoring	Kreditversicherung	Inkassounternehmen
Inkassodienstleistung	JA	JA	JA
Bonitätsprüfung	JA	JA	JA
Dienstleistungsfunktion	JA	zum Teil	zum Teil
Finanzierungsfunktion	JA	NEIN	NEIN
Delkrederefunktion	JA	70-80%	NEIN

6. Inkassokosten

6.1. Allgemeine Kostenbetrachtung

Zur Durchführung eines Kostenvergleiches werden die Kosten des externen Inkassos mit den Kosten der internen Inkassotätigkeit verglichen. Unzweckmäßig ist die Anwendung der Daten einer Vollkostenrechnung. Die interne Inkassotätigkeit enthält Kostenelemente, die von einer Inkassoentscheidung unberührt bleiben. Das sind anteilige Gemeinkosten, die sich nicht direkt dem Einzelfall bzw. der Tätigkeit zurechnen lassen. Sie sind jener Kostenstelle zuzurechnen in der das Inkasso integriert ist. Es sind die variablen Kosten entscheidungsrelevant die nicht die Betriebsbereitschaft der Mahntätigkeit verhindern. Ein Unternehmen muss ein Mindestmaß an Mahntätigkeit ausüben und den Schuldner in Verzug setzen. Es ist also nur die Kostendifferenz zwischen dem Minimum eigener Mahnaktivitäten und der gesamten eigenen Inkassotätigkeit für eine Entscheidung über die Ausgliederung relevant.[1]

Die Personalkosten sind dabei von besonderer Bedeutung. Dienstleistungen sind sehr personalintensiv und der Anteil der Personalkosten entsprechend hoch. Somit muss berücksichtigt werden, in welcher Zeit und in welchem Umfang Personalkosten verändert werden können. Kapazitätserweiterungen bei internem Inkasso und Kapazitätsabbau bei externem Inkasso bedingen auch Personalveränderungen. Das Unternehmen muss darauf mit verschiedenen Möglichkeiten des Personalwesens reagieren.

Bei einer Entscheidung für externes Inkasso können die Sachmittel, die bisher durch das Inkasso genutzt wurden, wie z.B. Räume, EDV-Anlagen und andere Einrichtungen, einer anderen Nutzung im Unternehmen zugeführt, verkauft oder vermietet werden. Stahrenberg kommt bezüglich externem Inkasso zu einigen möglichen Kostenvorteilen, die aber nicht immer offensichtlich und relevant sein müssen.[2] Ein Teil der Fixkosten kann auf den externen Partner übertragen und damit in variable Kosten umgewandelt werden. Eine große Anzahl von Inkassoaufträgen trägt zur Kostendegression beim Inkassounternehmen bei. Dieser

---

[1]   Vgl. Stahrenberg, Cora: S. 43.
[2]   Vgl. Stahrenberg, Cora: S. 45.

Vorteil kann an die Kunden weitergegeben werden. Die Kosten des externen Inkassos sind als Verzugsschaden vom Schuldner zu bezahlen. Weitere Kostenvorteile ergeben sich durch Arbeitsverträge mit Arbeits- und Teilzeitkräften in der Inkassobranche. Fehlende Tarifverträge ermöglichen Lohnkostenvorteile, die an die ausgliedernden Unternehmen weitergegeben werden können. Diese Kostenvorteile können jedoch in einen Kostenvergleich nicht einbezogen werden, weil die konkrete Realisierung und damit Zahlenvergleiche für Außenstehende nicht erkennbar sind.

6.2. Betriebliche Inkassokosten

Die betriebliche Inkassotätigkeit kann nicht in die Zweckbestimmung von Unternehmen eingeordnet werden. Das Ziel der Unternehmen ist auf die Realisierung des Umsatzes der angebotenen Leistung gerichtet. Die Beitreibung der Entgelte für erbrachte Leistungen kann nicht dem Prozess der Leistungserstellung zugeordnet werden. Durch die Inkassotätigkeit anfallende Kosten sind keine Kosten im Verständnis der Kostenrechnung und insbesondere der Betriebsergebnisrechnung. Sie sind Aufwendungen und nicht betriebsnotwendiger Güter- und Dienstleistungsverzehr. Die Zuordnung des Inkassos zu betrieblichen Funktionsbereichen lässt die Aufwendungen über diese Kostenstelle in die Gewinn- und Verlustrechnung einfließen. In diesem Verständnis soll weiterhin der Begriff Inkassokosten verwendet werden.

Die Kosten für das Inkasso sind sehr vielfältig. Unabhängig von der Struktur des Unternehmens und der organisatorischen Gestaltung können folgende Kosten unterschieden werden:[1]

- Bearbeitungskosten
Auf die Bearbeitungskosten entfallen alle Kosten der innerbetrieblichen Tätigkeit im Zusammenhang mit dem Inkasso. Diese Tätigkeiten beginnen mit dem Prüfen von Rechnungen und Lieferscheinen, dem Bearbeiten von Reklamationen und dem Einrichten einer Mahnakte. Dazu gehören weiterhin die Vorbereitung vertraglicher Vereinbarungen, wie z.B. für Ratenzahlungen und die Überwachung des Zahlungsverkehrs zum konkreten Inkassofall. Die innerbetriebliche Bearbeitung soll Grundlage für weitere Entscheidungen sein. Diese

---

[1]   Vgl. Stahrenberg, Cora: S. 25 f.

können auch zur Überleitung in das gerichtliche Mahnverfahren führen. Die Tätigkeiten der damit beauftragten Mitarbeiter sind mit erheblichen Kosten verbunden.

- Mahnkosten

In den Mahnkosten sind alle Kosten enthalten, die direkt mit der Mahnansprache des Schuldners im Zusammenhang stehen. Das sind Schreib-, Papier- und Kopierkosten sowie Telefon- und Portokosten. Zu den Mahnkosten gehören alle Kosten im Zusammenhang mit der Tätigkeit vor Ort beim Schuldner. Das sind Fahrt- und Personalkosten. Eine Kostentrennung beim Außendienstmitarbeiter erweist sich als schwierig, da eine genaue Differenzierung zwischen eigentlicher Außendienstaktivität und Inkassotätigkeit nicht immer möglich ist.

Die Mahnkosten werden entscheidend von der Anzahl der Mahnstufen im Unternehmen beeinflusst. Jede weitere Mahnung verursacht Kosten und beansprucht Mitarbeiterzeit.

- Auslagen

Die Grundlage einer erfolgreichen Inkassotätigkeit sind ausreichende Informationen über den Schuldner. Ermittlungs- und Auskunftskosten entstehen für Informationen aus den Registern der Amtsgerichte, von kommunalen Einrichtungen, der IHK, den Handwerkskammern, den Banken und sonstigen Informationsquellen.

Ein weiterer Kosteneinflussfaktor ist die Branche in der das Unternehmen tätig ist, die damit verbundene Kundenstruktur und die räumliche Ausdehnung des Aktionsfeldes des Unternehmens. Eine exakte Ermittlung der Kosten ist oft sehr schwierig. Die folgende Tabelle soll beispielhaft die betrieblichen Inkassokosten darstellen.

Tabelle 17: Kosten betrieblicher Mahnung

Aktivitäten	untere Kostengrenze €	obere Kostengrenze €
Mitarbeiterzeit für die Prüfung der Rechnung und des Lieferscheines, Zeit zur Bearbeitung von Reklamationen, prüfen des Zahlungseinganges, Mahnakte anlegen und erste Mahnung schreiben	15,00	25,00
Unternehmerzeit zur Entscheidung über die weitere Vorgehensweise	10,00	20,00
Briefkopfbogen, Porto, Fensterumschlag, Kopierkosten, Faxkosten	2,00	2,00
Einschreiben mit Rückschein		4,00
Kosten der 1. Mahnung	27,00	51,00
Telefoninkasso (Nachtelefonieren), Kosten sind abhängig vom Anbieter, der Tageszeit und der Gesprächsdauer	1,00	5,00
Einholen von Auskünften	20,00	40,00
Kosten der 1. Mahnstufe	48,00	96,00

Weitere Mahnungen, entsprechend den Mahnstufen im Unternehmen, beanspruchen Mitarbeiterzeit und verursachen weitere Materialkosten. Für jede weitere schriftliche Mahnung, auch unter Verwendung moderner Software und EDV-Anlage, entstehen Kosten von wenigstens 7,00 € bis 10,00 €.

Die Schuldnerreaktion entscheidet über weitere Kosten. Konsequentes und qualifiziertes Inkasso beeinflusst den außergerichtlichen Erfolg. Die obige Tabelle kann dann wie folgt weiter geführt werden:

Aktivitäten	untere Kostengrenze €	obere Kostengrenze €
Mitarbeiterzeit für die Vorbereitung der Ratenzahlungsvereinbarung	20,00	30,00
Papierkosten, Porto, Kopierkosten, Umschlag	3,00	3,00
Einschreiben mit Rückschein		4,00
Überwachung der Einhaltung des Ratenzahlungsvertrages	10,00	20,00
Gesamtkosten Inkasso	81,00	155,00

In der o.g. Beispielrechnung konnten anteilige Gemeinkosten nicht berücksichtigt werden. Die gesamten Kosten des Mahnens sind in der o.g. Höhe betriebliche Kosten. Sie sind oft nicht detailliert nachzuweisen. Die Erfassung ist nur mit zusätzlichen Kosten möglich. Die Erstattung wird durch den Schuldner, mangels eindeutigem Nachweis, oft verweigert. Die Kosten externer Inkassohelfer können als Verzugsschaden dem Schuldner belastet werden.

6.3. Kostenvergleiche

Kostenvergleiche sind die Grundlage für Make-or-buy-Entscheidungen im Unternehmen. Mit dem folgenden Vergleich soll versucht werden, die betrieblichen Inkassokosten mit den Kosten externer Inkassohelfer zu vergleichen.

Das Beispielunternehmen soll durch folgende Daten spezifiziert sein: Der Umsatz beträgt 500 000,00 € pro Jahr. Das Zahlungsziel beträgt 30 Tage. Die durchschnittliche Forderungshöhe soll bei 2500,00 € pro Rechnung liegen und es werden somit 200 Rechnungen im Jahr fakturiert. Es müssen 20% der Rechnungen nach 30 Tagen gemahnt werden und nach einer weiteren Mahnung und Telefoninkasso sind auch diese Rechnungen nach 90 Tagen bezahlt. Gerichtliche Beitreibungen sind nicht erforderlich.

Kosten des betrieblichen Inkassos:
Es müssen 40 Rechnungen angemahnt werden. Damit entstehen Inkassokosten von wenigstens 2320,00 € für die Mahnaktivitäten im Geschäftsjahr. Zinskosten sind nicht berücksichtigt.

Inkassounternehmen:
Die 40 Rechnungen werden nach der ersten Mahnung, mit der auch der Schuldner in Verzug gesetzt wurde, dem Inkassounternehmen übergeben.

In der ersten Variante fordert ein Inkassounternehmen 20% der Forderungssumme als Entgelt. Das entspricht 20000,00 € für die Bearbeitung aller Inkassofälle im Jahr.

In einer zweiten Variante sind die Bearbeitungsgebühren nach der Forderungshöhe gestaffelt. Grundlage der Berechnung ist die Tabelle der Bearbeitungsgebühren im Kapitel 5.3. Inkassounternehmen. Danach entstehen Kosten von 175,00 € pro Inkassofall, gesamt 7000,00 €.

Die dritte Variante setzt sich aus 18,00 € Bearbeitungsgebühren pro Inkassofall und einer Erfolgsprovision von 5% auf die eingehenden Gelder zusammen. Es entstehen Kosten von 5720,00 € für alle Inkassofälle im laufenden Geschäftsjahr. Die betrieblichen Kosten der ersten Mahnung müssen hinzugerechnet werden, so dass sich Gesamtkosten von 6800,00 € für das Inkasso errechnen. Weitere fixe Kosten durch Mitgliedschaften müssen auf die Transaktionen verteilt bzw. insgesamt hinzugerechnet werden.

Anwaltsinkasso:

Die Beauftragung eines Rechtsanwaltes zur Beitreibung verursacht Kosten zwischen 3700,00 € und 7400,00 € zuzüglich der Kosten der ersten betrieblichen Mahnung.

Factoring:

Der Factor übernimmt alle Rechnungen und führt auch das Inkasso durch. Der Zinssatz soll 11,75% betragen, die Factoringgebühr fällt in Höhe von 2,5% an und der Sicherungseinbehalt beträgt 20 %. Die Factoringgebühr verursacht Fixkosten von 12500,00 € und es entstehen Zinskosten von 5794,50 €, Gesamtkosten 18294,50 €.

Kreditversicherung:

Im o.g. Beispiel entstehen keine Forderungsverluste. Eine Risikoabsicherung durch eine Kreditversicherung kostet wenigstens 2000,00 € im Jahr. Damit sind aber nicht die betrieblichen Inkassokosten gedeckt. Diese bleiben in ihrer Höhe bestehen. Wenn der Kreditversicherer das Inkasso durchführt entstehen weitere Kosten.

Die Durchführung von Kostenvergleichen, um zu allgemein gültige Aussagen zu gelangen, ist sehr schwierig. Das Inkasso wird in den Unternehmen unterschiedlich durchgeführt und differenziert sind auch die Kosten. Die vielen externen Inkassohelfer haben verschiedene Angebote mit sehr unterschiedlichen Preisen.

Der Vergleich zeigt das und macht deutlich, dass externe Inkassohelfer nur mit ihren Angeboten für das betreffende Unternehmen verglichen werden können.

6.4. Erstattungsfähigkeit von Inkassokosten

Die Erstattung der Inkassokosten ist ein zentrales Problem der Inkassotätigkeit. Dieses Problem beinhaltet zwei Fragen: 1. Sind Inkassokosten zu erstatten? 2. In welcher Höhe sind diese Kosten zu erstatten? Beide Fragen halten die Diskussion um die Erstattung in Gang und es besteht bis heute keine einheitliche Auffassung. Sehr unterschiedlich sind auch die Urteile der Gerichte.

Die Anspruchsgrundlage für eine Erstattung ist § 280 Absatz 1 BGB. Der Forderungsschuldner hat dem Gläubiger den durch den Verzug entstandenen Schaden zu ersetzen. Dazu gehören auch die Inkassokosten. Sie sind Bestandteil des Verzögerungsschadens. Umstritten sind dabei einzelne Bestandteile der Inkassokosten und die mögliche Erfolgsprovision von Inkassounternehmen sowie der

Zeitpunkt ab welchem die Kosten zum Verzögerungsschaden gehören. Der Gläubiger muss mit Eigenbemühungen den Schuldner durch Mahnung in Verzug setzen, wenn dies nach § 286 Absatz 2 BGB nicht entbehrlich ist.

Der Verzögerungsschaden beinhaltet zunächst die Verzugszinsen die im § 288 BGB geregelt sind, zuzüglich der entstandenen Inkassokosten. Diese sind, wie bereits nachgewiesen, nicht unerheblich und können nach § 288 Absatz 4 BGB geltend gemacht werden.

Die Höhe der erstattungsfähigen Inkassokosten ist umstritten. Eine gesetzliche Gebührenordnung fehlt. Die betrieblichen Inkassokosten sind für den Einzelfall schwer zu bestimmen und die Erbringung von Einzelnachweisen für die entstandenen Kosten ist praktisch schwer zu realisieren. Der Nachweis wäre außerdem mit weiteren Arbeitsaufwendungen verbunden. Diese stehen in keinem Verhältnis zu den erheblichen Kosten der Inkassotätigkeit selbst. Die betrieblichen Mahnkosten werden die Schuldner nicht ersetzen, weil die konkrete Zuordnung zur Mahnsache kaum oder nicht bewiesen werden kann. In der Praxis werden Mahngebühren zwischen 2,50 € und 5,00 € pro Mahnung, nach Eintritt des Verzuges, als üblich anerkannt. Diese Mahngebühren sind nach weit verbreiteter Auffassung die Grenze der Erstattungsfähigkeit im Verständnis des § 138 BGB zur Sittenwidrigkeit. Die Erstattungsfähigkeit findet eine weitere Grenze in der Schadenminderungspflicht des Gläubigers nach § 254 BGB, wonach der Schuldner dem Gläubiger die angefallenen Inkassokosten nicht in beliebiger Höhe zu ersetzen hat. Die Auffassungen über die erstattungsfähigen Kosten sind sehr differenziert.

Alle Erstattungsansprüche des Gläubigers nützen nichts, wenn die Forderungen und damit auch die Kosten nicht beigetrieben werden können.

7. Schlussbetrachtungen

7.1. Kritische Würdigung

Der Autor hat in seinem Buch die Notwendigkeit angemessener Inkassoaktivitäten bewiesen. Rechtzeitige Aktivitäten in Verbindung mit geeigneten Methoden können wesentlich zur Reduzierung von Forderungen und Forderungsausfällen beitragen. Der Zusammenhang von kurzfristiger Unternehmensfinanzierung und den Kosten wurde aufgezeigt. Die Darstellungen sind allgemein gehalten und können nicht pauschal für jeden Inkassofall in jedem Unternehmen angewendet werden. Es muss jeweils eine individuelle Lösung erarbeitet werden.

Die Beweisführung zu einzelnen Aspekten stützt sich auf vorhandenes Datenmaterial sowie eigene Erfahrungen und Analysen. Unternehmensbefragungen mittels Fragebögen wurden nicht durchgeführt. Diese Unternehmensbefragungen zum Inkasso treffen einen sensiblen Unternehmensbereich, der unmittelbar die Kundenbeziehungen berührt und auch Rückschlüsse auf Managementfähigkeiten im Unternehmen zulässt. Eigene Erfahrungen zeigen, dass der Firmeninhaber oder die Geschäftsleitung solchen Auskünften mit geteilten Meinungen gegenüber stehen.

Für die Inkassotätigkeit sind sowohl technische als auch personelle Voraussetzungen erforderlich. Sie sind je nach Anforderung, Zweckmäßigkeit und Unternehmensstruktur zu bestimmen. Wo es möglich war, wurde bei einigen Gliederungspunkten auf die notwendigen Voraussetzungen hingewiesen.

Für Entscheidungen zur Durchführung von Inkasso sind Informationen über den Schuldner wichtig. Es wurden die internen und externen Informationsquellen dargestellt, die für eine Inkassoentscheidung ausreichend sind. Die Ausgliederungsentscheidungen von Inkasso auf externe Unternehmen wurden auf der Grundlage möglicher Kostenbestandteile analysiert. Da individuelle Vertragsgestaltungen mit Inkassounternehmen möglich sind, kann nur die sich daraus ergebende konkrete Kostenanalyse die Grundlage für eine Ausgliederungsentscheidung sein. Voraussetzung ist, dass im eigenen Unternehmen eine zweckmäßige Kostenrechnung eingeführt ist und aus dieser Daten zum Vergleich zur Verfügung stehen. Die Ausführungen in diesem Buch sind eine wesentliche Grundlage dafür und können für Inkasso im Unternehmen oder für Ausgliederungsentscheidungen ein hilfreiches Arbeitsinstrument sein.

7.2. Offengebliebene Aspekte

Von Inkassoaktivitäten sind sowohl Gläubiger als auch Schuldner betroffen. Die Effektivität des betrieblichen Inkassos kommt darin zum Ausdruck, wie schnell Forderungen beigetrieben werden. Dabei kann der Gläubiger sehr wohl Schuldnerreaktionen erkennen. Die Reaktionen zeigen aber nicht die psychologische Wirkung, die Inkassoaktivitäten beim Schuldner erzeugen und wie gerade diese die Situation und damit bestimmte Handlungen beim Schuldner beeinflussen. Die Betriebswirtschaftslehre als Wissenschaft bietet dafür von ihrem Gegenstand einen nicht ausreichenden Lösungsansatz. Die Einseitigkeit der Fragestellung einer Einzeldisziplin kann durch interdisziplinäre Zusammenarbeit überwunden werden.

Die Einbeziehung der Sozialwissenschaften ist notwendig. Sie untersuchen den Menschen als soziales Phänomen. Gegenstand ihrer Untersuchungen sind auch die institutionellen und organisatorischen Voraussetzungen, die Grundlage für menschliches Handeln und Zusammenleben sind.

Zur Analyse der Effektivität des Inkassos im Unternehmen ist eine empirische Untersuchung notwendig. Die sensible Problematik, auf die bereits hingewiesen wurde, verlangt längere Untersuchungen, die sowohl vom Prozess der Untersuchung als auch der theoretischen Aufbereitung einen größeren Zeitraum erfordern. Für detaillierte Aussagen zum Schuldnerverhalten wäre eine derartige Untersuchung zwingend notwendig. Gleichzeitig wäre zu untersuchen, wie sich eine restriktive oder liberale Kreditpolitik der Unternehmen auf den Debitorenbestand auswirkt. Die Kompetenzen für Entscheidungen bezüglich Debitoren liegen nicht immer nur beim Finanzleiter oder im Finanzbereich. Der Finanzleiter wird zur Vermeidung von Kreditausfällen und Kapitalkosten eher eine restriktive Kreditpolitik befürworten. Für die Verbesserung der Absatzergebnisse wird der Verkaufsleiter eine liberale Kreditpolitik anstreben. Dieser Interessengegensatz kann nur durch das Management gelöst werden, ebenso wie die Entscheidungen bezüglich Inkasso nicht unabhängig und losgelöst davon betrachtet werden dürfen.

7.3. Ausblicke

Die Insolvenzsituation in Deutschland hat sich nicht entspannt. Von einer Entwarnung kann bei einer Stagnation der Insolvenzen auf dem derzeit sehr hohen Niveau nicht gesprochen werden. Die offiziellen Zahlen der Statistiken täuschen oft darüber hinweg, dass eine Vielzahl von Unternehmen, vor allem im Einzelhandel, durch außergerichtlichen Vergleich oder durch „stille" Liquidation auf Grund von Zahlungsschwierigkeiten ihre Tätigkeit beenden.

Die Anzahl dieser Unternehmen ist größer als die Anzahl der Unternehmen mit „offiziellen" Insolvenzverfahren.

Die seit 01.01.1999 gültige Insolvenzordnung soll wesentlich dazu beitragen, die Insolvenzverfahren beschleunigt und mit Ergebnis durchzuführen. Hauptziel ist es, Maßnahmen gegen Massearmut zu ergreifen, damit viele Insolvenzfälle in geordneten Verfahren durchgeführt werden. Dazu ist die drohende Zahlungsunfähigkeit als Eröffnungsgrund eingeführt. Damit mehr Masse zur Verfügung steht, sollen die Verfahren billiger und nur noch die Verfahrenskosten gedeckt werden. Einsparungen erfolgen zu Lasten der Verwalter, der Treuhänder und der Mitglieder des Gläubigerausschusses. Hinzu kommt, dass mit der Insolvenzordnung die absonderungsberechtigten Gläubiger ihr Sicherungsgut grundsätzlich nicht mehr selbst verwerten und in das Insolvenzverfahren einbezogen werden. Dafür wird die Gläubigerposition durch erhöhtes Mitspracherecht und Regelungen im Insolvenzplanverfahren gestärkt. Der Sanierung soll zukünftig mehr Bedeutung zukommen. Außerdem erfolgt die Regelung der Verbraucherinsolvenz und die Einführung einer Restschuldbefreiung. Auch wenn mehr Insolvenzverfahren eröffnet werden, so können die Gläubiger nicht in vollem Umfang befriedigt werden.

Die rechtzeitigen Beitreibungsversuche mittels Inkasso, ob durch das eigene Unternehmen oder externe Partner, werden weiterhin eine große Bedeutung haben, um Forderungsausfälle zu verhindern. Die Qualität hängt dabei auch von der persönlichen Qualifikation der Mitarbeiter ab. Die bisherige Praxis, dass Bürokaufleute oder Debitorenbuchhalter sowie Rechtsanwaltsgehilfen diese Tätigkeiten ausüben, wird zukünftigen Anforderungen nicht mehr genügen. Die Spezifik der Tätigkeit, ob nun unternehmensintern oder beim externen Partner, verlangt speziell ausgebildetes Personal. Die Einführung des Berufes „Inkassokaufmann" wäre eine zweckentsprechende Lösung.[1]

Neben der Ausbildung und dem Einsatz in Mahnabteilungen der Unternehmen und in Inkassounternehmen selbst, bieten weitere Branchen wie Banken, Versicherungen, Leasing- und Factoringunternehmen ausreichend Einsatzmöglichkeiten.

Der große Bedarf an qualifizierten Mitarbeitern wird auch weiterhin bestehen bleiben.

---

[1] Vgl. Ohle, Carsten D: S: 39 ff.

Anhang

Einwandkartei

Einwand des Schuldners	Reaktionen des Gläubigers
Rechnung nicht erhalten	Kopie der Rechnung übersenden (Einschreiben mit Rückschein)
Überweisung ist erfolgt	Nachfassen: Wann und auf welches Konto?
Zuständiger Mitarbeiter ist abwesend	Frage nach Vertreter, verbinden lassen, ggf. Rechnungskopie und Bestellung nochmals übersenden (Einschreiben mit Rückschein) und Zahlungsfrist 5 Tage bestimmen
Unterlagen sind beim Steuerberater	Angebot dort selbst anzurufen, Name des Steuerberaters nennen lassen, nachfassen
Falscher Preis, es bestanden andere Absprachen	Wer mit wem, umgehend klären, Rechnung berichtigen oder auf Richtigkeit der Rechnung hinweisen
Keine Bestellung des Unternehmens, Mitarbeiter privat	Bestellung prüfen, Kopie übersenden, um Rückruf nach Erhalt bitten
Besteller hat keine Vollmacht im Namen der Firma zu bestellen	Hinweis, dass aufgrund der Form der Bestellung kein Zweifel an deren Rechtmäßigkeit besteht, (Formbogen, Stempel, Unterschrift), Forderung bleibt bestehen, Kopie übersenden, Unternehmen kann jeweiligen Mitarbeiter in die Haftung nehmen
Finanzieller Engpass im Unternehmen	Übersenden einer Ratenzahlungsvereinbarung mit folgendem Inhalt: - Schuldanerkenntnis - Ausschluss der Einrede der Verjährung - Wiederaufleben der Gesamtforderung bei Verzug einer Rate von mehr als 2 Wochen - Zinssatz
Arbeitslos, Sozialhilfeempfänger, Krankengeldbezug	Bescheinigung in Kopie anfordern, Ratenvereinbarung

Checkliste zur Mitarbeiterselbstkontrolle des Telefoninkassos

Kriterium	JA	Nein
Kontaktaufnahme - Ist es mir gelungen, den zuständigen Mitarbeiter zu erreichen? - Bin ich sicher, dass ich wirklich mit dem zuständigen Gesprächspartner gesprochen habe? - Habe ich mich korrekt und freundlich vorgestellt?		
Gesprächsgrund - Habe ich den Grund meines Anrufes frei und ohne Umschreibungen formuliert? - Habe ich den richtigen Ton getroffen?		
Einwandbehandlung - War meine Einwandbeantwortung immer situationsgerecht? - Habe ich Einwände und Ausreden schnell durchschaut und angemessen reagiert? - Waren meine Antworten spontan oder hörten sie sich wie abgelesen oder auswendig gelernt an?		
Zahlungsvereinbarung - Habe ich den Gesprächspartner durch Alternativvorschläge „seine" Lösung selbst finden lassen? - Habe ich eine Vereinbarung getroffen, und kann ich sicher sein, dass darüber keine Meinungsverschiedenheit zwischen meinem Gesprächspartner und mir besteht?		

Allgemeiner Eindruck - War ich in der inneren Verfassung, um telefonische Mahn gespräche zu führen? - Habe ich konsequent mein Ziel verfolgt? - Habe ich mich auf aussichtslose Versprechungen und Regelungen eingelassen? - Ist es mir gelungen, präzise Antworten zu erhalten? - Habe ich die positiven Aspekte in den Vordergrund gestellt? - Ist es mir gelungen, zu meinem Gesprächspartner eine persönliche Beziehung herzustellen? - Bin ich davon überzeugt, dass mein Gesprächspartner seine Zusagen einhält? - Habe ich mich herausgefunden, ob mein Gesprächspartner glaubwürdig ist? - Habe ich im Fall einer erneuten Mahnung die Formulierung „Ich warte immer noch auf den Eingang Ihrer Zahlung" verwendet?		

Literaturverzeichnis

Allgemeine Geschäftsbedingungen der Sparkassen, Grundlage der Geschäftsbeziehung zwischen Kunde und Sparkasse, Fassung 1993.

Däumler, Klaus-Dieter: Betriebliche Finanzwirtschaft, Mit Fragen und Aufgaben, Antworten und Lösungen, Tests und Tabellen, 6. neubearbeitete und erweiterte Auflage, Herne/Berlin 1993.

Däumler, Klaus-Dieter / Grabe, Jürgen: Kostenrechnung 1 Grundlagen, Mit Fragen und Aufgaben, Antworten und Lösungen, 6. vollständig neu bearbeitete Auflage, Herne/Berlin 1993.

David, Peter: Zusammenarbeit mit Inkassounternehmen, 4. überarbeitete und erweiterte Auflage, Planegg/München 1996.

Dietrich, Bernhard R.: Inkassounternehmungen, in: Wirtschafts- und Sozialwissenschaften, Band 15, Diss., Neuried 1986.

Freidank, Carl-Christian: Der Ansatz von Forderungen und Verbindlichkeiten zum Barwert in der Handels- und Steuerbilanz, in: Wirtschaftswissenschaftliches Studium, Jg. 24, 1995, Nr. 10, S. 494 – 499.

Frormann, Detlef: Forderungsverluste vermeiden, 1. Auflage, Kissing 2000.

Gräfer, Horst: Bilanzanalyse – Eine Einführung mit Aufgaben und Lösungen, 6. Auflage, Herne/Berlin 1994.

Greber, Thomas: Wenn Kunden nicht bezahlen ...: so kommen Sie schneller an Ihr Geld, 1. Auflage, Landsberg/Lech 1998.

Heinen, Edmund: Industriebetriebslehre, 8. durchgesehene und verbesserte Auflage, Wiesbaden 1990.

Jahn, Uwe (Hrsg.): Insolvenzen in Europa, 2. neubearbeitete und erweiterte Auflage, Bonn 1997.

Janke, Günter: Insolvenzen: - Warnzeichen – Prophylaxe – Verhinderung -, in: Betrieb und Wirtschaft, Jg. 50, 1996, Heft 6, S. 193 – 199.

Kellner, Arend: Finanz- und Rechnungswesen: externes Rechnungswesen, 1. Auflage, Düsseldorf/München 1995.

Leffson, Ulrich: Bilanzanalyse, 3. verbesserte Auflage, Stuttgart 1984.

Mewing, Joachim: Mahnen – Klagen – Vollstrecken, 4. Auflage, München 1994.

Ohle, Carsten D.: Das deutsche Inkassogewerbe in Vergangenheit, Gegenwart und Zukunft, in: Seitz, Walter (Hrsg.): Das Inkasso – Handbuch, Recht und Praxis der Inkassounternehmen, 2. Auflage, Stuttgart 1985.

Quick, Reiner: Die Verwendbarkeit von Jahresabschlussinformationen für die Bilanzanalyse, in: Betrieb und Wirtschaft, Jg. 49, 1995, Heft 18, S. 629 – 631.

Quick, Reiner: Risikoerfassung und Risikobewertung bei Forderungen, in: Betrieb und Wirtschaft, Jg. 51, 1997, Heft 12, S. 441 – 444.

Radke, Magnus: Die große betriebswirtschaftliche Formelsammlung, 9. unveränderte Auflage, Landsberg/Lech 1996.

Rödl, Helmut / Weiß, Bernd: Insolvenzen bei Geschäftspartnern frühzeitig erkennen und vermeiden, in: Rationalisierungs – Kuratorium der Deutschen Wirtschaft (RKW) e.V. (Hrsg.): Insolvenzrisiken bei Geschäftspartnern frühzeitig erkennen und vermeiden, 1. Auflage, Eschborn 1995.

Seitz, Walter: Materiell – rechtliche und prozessuale Probleme des Inkassorechts, in: Seitz, Walter (Hrsg.): Das Inkasso – Handbuch, Recht und Praxis der Inkassounternehmen, 2. Auflage, Stuttgart 1985.

Schult, Eberhard: Bilanzanalyse: Möglichkeiten und Grenzen externer Unternehmensbeurteilung, 8. aktualisierte Auflage, Freiburg im Breisgau 1991.

Stahrenberg, Cora: Effektivität des externen Inkassos. Ein Beitrag zur Aus-Gliederung betrieblicher Funktionen, in: Betriebliche Forschungsergebnisse, Band 104, Diss., Berlin 1995.

Statistisches Bundesamt (Hrsg.): Statistisches Jahrbuch 1992, Wiesbaden 1992.

Statistisches Bundesamt (Hrsg.): Statistisches Jahrbuch 1993, Wiesbaden 1993.

Statistisches Bundesamt (Hrsg.): Statistisches Jahrbuch 1994, Wiesbaden 1994.

Statistisches Bundesamt (Hrsg.): Statistisches Jahrbuch 1995, Wiesbaden 1995.

Statistisches Bundesamt (Hrsg.): Statistisches Jahrbuch 1996, Wiesbaden 1996.

Statistisches Bundesamt (Hrsg.): Statistisches Jahrbuch 1997, Wiesbaden 1997.

Statistisches Bundesamt (Hrsg.): Statistisches Jahrbuch 1998, Wiesbaden 1998.

Statistisches Bundesamt (Hrsg.): Statistisches Jahrbuch 1999, Wiesbaden 1999.

Statistisches Bundesamt (Hrsg.): Statistisches Jahrbuch 2000, Wiesbaden 2000.

Süchting, Joachim: Finanzmanagement, Theorie und Politik der UnternehmensFinanzierung, 5. vollständig überarbeitete Auflage, Wiesbaden 1991.

Verband der Vereine Creditreform e. V. (Hrsg.): Unternehmensentwicklung 1997, Neuss 1997.

Weiß, Christian: Grenzen und Möglichkeiten von Inkassounternehmungen, Diplomarbeit, Fachhochschule, Rendsburg 1998.

Wilcke, Hans-Jürgen: Krisen – Management für mittelständische und KleinBetriebe, Originalausgabe, Heyne 1993.

Wöhe, Günter: Einführung in die allgemeine Betriebswirtschaftslehre, 17. überArbeitete und erweiterte Auflage, München 1990.

Zellmer, Gernot: Risiko – Management, 1. Auflage, Berlin 1990.

Stichwortverzeichnis

www.ingramcontent.com/pod-product-compliance
Lightning Source LLC
Chambersburg PA
CBHW020838210326
41598CB00019B/1938